警醒吧！

李载禄博士

URIM BOOKS

"月亮要变为血,

这都在耶和华大而可畏的日子未到以前。

到那时候,

凡求告耶和华名的就必得救;

因为照耶和华所说的,

在锡安山,耶路撒冷必有逃脱的人,

在剩下的人中必有耶和华所召的。"

《约珥书二章31-32节》

目录

本书所引圣经经文取自
《新标点和合本》

以色列——神心之所爱

二十世纪初，在巴勒斯坦这块不毛之地，发生了一连串震惊世界的事：散居在东欧、苏俄及世界各地的犹太人，纷纷前往这块充满荆棘、贫穷、饥荒、疾病折磨之地聚集。

尽管因疟疾和饥荒所带来的高死亡率，犹太人仍未失去信心和勇气；他们开始建立集体生活区，以色列境内工作的场所，有的在工厂，有的在农场，他们一同分担职责，凡物公用。就如同现今锡安主义的创立者提多赫兹（Theodor Herzl）所说："你若想要，那就不是梦想。"以色列复国的美梦终于成真了。

表面看来，以色列想要复国根本是不可能的事，也没有人会相信，但以色列人实现了这个梦想。

以色列人流离分散了一千九百多年后，奇迹般地独立了。

以色列百姓虽然历经几世纪饱受没有祖国的痛苦，分散在不是自己的土地上、到处受逼迫。然而他们还是紧紧地持守住自己的信仰、文化和语言，并且不断地加以改善，终于在1948年复国了。之后，他们在那块不毛之地耕作，努力发展各种产业，使以色列一跃挤进发达国家行列。现今虽然不时要面对生存威胁及各种挑战，但仍坚持他们的立场，如今依然是个繁荣富庶的国家。

我于1982年创立万民中央教会时，神使我在圣灵的感动当中得知许多关于以色列的事，因为以色列复国，取得独立地位是末世的征兆，亦即应验了旧约所预言的。

"列国啊，要听耶和华的话，传扬在远处的海岛说：'赶散以色列的，必招聚他，又看守他，好像牧人看守羊群。'"（耶利米书31章10节）

神拣选以色列百姓，是为了要显明祂创造人、耕作人类的计划；首先神拣选亚伯拉罕，使他成为"信心之父"，他的孙子雅各成为以色列的先祖，并对雅各的后裔宣告神的旨意，并成就耕作人类的计划。

当以色列民相信神的话，顺服神，走在祂的道路上时，就能享有超乎万国的尊荣；当以色列百姓远离神，不顺服神，就会遭到各种苦难，包括外族入侵，并所有百姓要分散在世界各地。

以色列的百姓虽因自己的罪受苦，神也从未弃绝、忘记他们，因为神曾与亚伯拉罕立约，所以他们与神有着密不可分的关系，神也一直在他们中间做工。

因为神非常细心地眷顾以色列百姓，不断地引导他们，他们才能生存下来，独立建国，并能超乎万国之上。以色列国究竟是如何得到保守，又为什么能复国呢？

许多人说：犹太人的国家能存留下来，就是个神迹。因为以色列人逃散到世界各国所受到的逼迫和苦难是超乎人想象的，所以以色列的历史足以见证圣经所记载的都是真实的。

主耶稣第二次再临后，以色列人还会碰到比过去更艰难的事。当然，已经接受耶稣基督为救主的人，会被提到空中参加主的婚宴；但未接受耶稣基督作救主的，不会被提，并将在地上经历七年之灾。

"万军之耶和华说：'那日临近，势如烧着的火炉，凡狂傲的和行恶的必如碎秸，在那日必被烧尽，根本枝条一无存留。'"（玛拉基书4章1节）

神已详细地启示了我看到在七年大灾难中会有的惨象，我衷心盼望神的选民以色列百姓能赶快接受两千年前来到地上的耶稣为救主，希望没有一个以色列人会被留下面对大灾难。

在万民中央教会创立二十五周年的同时，我写下此书来解除犹太民族长久岁月对弥赛亚的渴盼，并回答他们百思不得其解的疑问。

但愿阅读此书的所有读者，把神大爱的信息存记于心，快快接受这位神已为所有人类差派来了的弥赛亚——耶稣基督。

我真心地爱着你们每一位。

李载禄 博士

以色列国旗上描画的犹太人的象征"大卫之星"

第一章

神的选民——以色列

开始耕作人类

摩西是位伟大的领袖，他将以色列人从埃及释放出来，使他们不再作奴隶，带领他们进入应许之地——迦南。他领受、执行并写下神的话。

创世记1章1节说："起初 神创造天地。"

神在六日之内创造天、地和其中所有的一切，就安息了，且赐福祂所造的，并把第七日分别为圣。那么，神为什么要创造宇宙和其中的万物？又为什么自创造亚当以来，让这么多人活在地上呢？

神在寻找能领受祂的慈爱，也能爱祂的人

全能的神在创造天地之前，祂存在于无限的属灵空间中，以光的样式存在，并在光中含着声音。在孤单生活漫长岁月的过程中，神希望有能够永远与祂分享爱与被爱之幸福的儿女。

造物主有神性，也有人性，所谓神性是造物主的能力本身；人性则是能感受喜、怒、哀、乐，并渴望分享爱的人的性情。圣经中多处说到神有人的性情，神会为以色列百姓的义行感到欢喜快乐（参考申命记十章15节；箴言十六章7节），也会因以色列百姓犯罪而忧伤或震怒（参考出埃及记三十二章10节；民数记十一章1节，三十二章13节）。

有时一个人独处虽好，但若有朋友能与之分享内心的感受就更

好。因为神有人性，所以盼望能有彼此相爱，互相了解心意的对象。

"在这广袤无垠的美妙的空间里，若有了解我心意、又有爱我，我也爱他的儿女，这是多么令人幸福、感动的事啊！"

到了某个时点，神就定下了一个可得着神真正儿女的计划。为此，神不但造了灵界，也造了人类赖以生存的属肉的世界。

有人可能会问："神已经在天上有众多完全顺服的天使天军，为什么还要费这么大的心思来造人？"除了少数的天使以外，大多数天使都未具备人性，而人性就是照个人自由意志选择，可领受爱与被爱的最重要因素。它们就像机器人，听到命令就顺服去行，没有喜、怒、哀、乐，无法从内心深处领受到爱，也无法付出爱。

若有两个孩子，其中一个从来不表达自己的意见、情绪或是爱心，只是照人的意思去做。另一个则紧紧地依靠父母，并将各样的情绪都表达出来，有时因自己的思想意志令父母失望或做错了事，便马上悔改。

这两个孩子，哪一个讨人喜爱呢？应该是后者吧！机器人虽可以做所有的杂事，但不会有人希望自己的儿子像机器人一样。同样的，神乐于人用理性和感情来顺服袍，而不喜欢人像机器人般的天使天军。

神要得真正儿女的旨意

神造了首先的人亚当和夏娃，并创设了伊甸园，使他们治理和管理那地方，也就是神让亚当照自己的自由意志，和神给他的权柄来管理富饶的伊甸园，但神禁止他做一件事。

> "园中各样树上的果子，你可以随意吃，只是分别善恶树上的果子，你不可吃，因为你吃的日子必定死。"（参考创世记二章16-17节）

这是神在造物主和被造者之间所设立的规则，神希望人在自由意志里，真心顺服神。但过了漫长的岁月后，亚当竟未能顺服，吃了神禁止的分别善恶树的果子。

创世记第三章就描写了蛇受撒但的唆使，问夏娃说："神岂是真说不许你们吃园中所有树上的果子吗？"（参考创世记三章1节）夏娃回答："惟有园当中那棵树上的果子，神曾说：'你们不可吃，也不可摸，免得你们死。'"（创世记三章3节）神已经很清楚地娃说过："你吃的日子必定死。"但她把神的话改成："免得你们死。"蛇知道夏娃未把神的话铭刻在心里，就更积极地引诱她："你们不一定死。"又告诉夏娃说："因为神知道，你们吃的日子眼睛就明亮了，你们便如神能知道善恶。"（创世记三章5节）

当撒但向夏娃输入贪婪的意念，在夏娃眼中，分别善恶树的果子看起来就不一样了。树的果子好做食物，可以悦人的眼目，这树看起来使她变得智慧，因此夏娃吃了善恶树的果子，又把果子给她的丈夫，她的丈夫也吃了。

就这样亚当和夏娃不顺服神的话，最后就得面对死亡。

在此，"死"不是指肉体的死亡，肉体的死亡在人来说是停止呼吸，在这里是指灵的死亡。亚当在吃了分别善恶树的果子后，在地上活到九百三十岁才死去，这里的"死去"才是指肉体的死亡。

人本是灵、魂、肉所造。人有灵，藉着灵可以与神交通，魂受灵管理，"肉"就是灵和魂住的帐棚。因为不听神的诫命，犯了罪，灵死了，与神的交通也终止了，这就是创世记二章17节所说的"死"。

亚当和夏娃犯罪之后，被逐出丰盛又美丽的伊甸园，也是人类受苦的开始。女人生产时的苦楚加增、恋慕丈夫、被丈夫管辖；男人则因地受咒诅，要终身劳苦才能有吃的（参考创世记三章16-17节）

创世记三章23节又说："耶和华神便打发他出伊甸园去，耕种他所自出之土。"这里的"耕种他所自出之土"不止表示人要以谋生为目的耕种土地，也表示活在地上的时候，要"耕作他自己的心田"。

亚当犯罪是耕作人类的开始

亚当受造为"有灵的活人"，他的心本来没有罪恶，因此并不需要耕作自己的心田。但亚当犯罪之后，亚当的心被非真理污染了，所以需要耕作自己的心，好使他的心恢复到没有犯罪以前一样洁净。

亚当的心已经败坏、沾染了非真理，因此亚当需要开垦心田，好使他的心得洁净，如此才能再次成为神真正的儿女。圣经说："耶和华神便打发他出伊甸园去，耕种他所自出之土。"（创世记三章23节）这就是表示"神耕作人类"。

一般来说，"耕作"指的是农夫播种、照顾农作物、直到收成的过程。神为了要在地上"耕作"人类，收成"真正的儿女"，祂所种下的第一批种子就是亚当和夏娃。亚当和夏娃悖逆后，又生养众多，以至遍满地面。因神的耕作，许多人得以重生，神耕作他们的心，使其恢复神的形像。

因此，"神耕作人类"指神以得到真儿女的目的创造人类到最后的审判，掌管人类历史的整个过程。

就像农夫在播种之后，需要克服水灾、旱灾、霜害、雹害和虫害，最后才能有美好、令人喜悦的收成。人活在世上时，在经历死亡、疾病、别离等各样痛苦的过程中，渐渐变成神所喜悦的真正的儿女。

神在伊甸园安置分别善恶树的原因

或许有人会问："因为有分别善恶树，人才会犯罪而灭亡，那神为什么要安置分别善恶树呢？"神安置分别善恶树是因为有奇妙的计划，要藉着这样的安排，叫人了解"相对性"的意义。

大多数人在想：亚当和夏娃生活在没有眼泪、没有疾病、也没有痛苦、只有和平的伊甸园生活的时候非常幸福快乐。然而，在伊甸园里因不了解"相对性"的意义，他们便无法明白什么是真正的幸福与慈爱。

比如说：有两个孩子，一个成长在富裕的家庭，一个则是生在贫穷的家庭。他们若收到同样的玩具，会有什么不同反应呢？在贫穷家庭的孩子会比富裕家庭的孩子，更懂得喜乐和感恩。

若要了解某物品的价值，一定要先了解，或经历完全相反的处境。正如生过病的人，才能体会健康的可贵；明白死亡和地狱，才能体会永生的意义，也才会因神为人所预备的天国感谢神的慈爱。

在丰富的伊甸园里，亚当享受神所赐的一切，甚至拥有权柄可以管理神所造的一切。但这都不是辛苦得来的，因此亚当不能懂得其可贵，也不能感恩神对他们的心意。当被逐出伊甸园，在世界历尽眼泪、悲伤、疾病、折磨、不幸、死亡之后，才了解幸福与不幸两者的不同，亦能体会神在伊甸园里所赐予的自由和富足的意义。

若不了解幸福与不幸，永生对我们有什么意义呢？我们若经历了短暂的痛苦，以致以后能清楚地说："这是幸福。"生命才会变得更有意义、更加蒙福。

是否有父母因读书太苦，就把孩子留在家里，不送他们去上学呢？父母若真爱孩子，当然会把小孩送到学校，要他们殷勤努力地学习，经历各样事物，可以有更美好的人生。

创造人类、耕作人类的神的心意就是与这父母的心意相似。也因此，神安置了分别善恶树，照着亚当的自由意志，吃了分别善恶树的果子，在神耕作人类的过程里经历喜乐、悲伤、愤怒和满足。有了相对的经验后，便能了解何谓真正的慈爱、喜乐和感谢，才能从内心深处爱并敬畏这位爱与真理的神。

在神耕作人类的过程，得着了解神慈爱与心意，并以神的心为心的真正儿女，便能与他们在天国里永享福乐。

以色列地开始耕作人类

起初的人亚当因为违背神的话被逐出伊甸园时，神没有给他选择去处的权利，而指定他要去的地方，就是以色列。

因为这里有神的旨意和计划。神有一个耕作人类的大计划，选定以色列成为耕作人类的模式，因此神特别要亚当在未来要建立以色列国的地方过新的生活。

经过了一段时间，亚当的后裔形成了许多的民族，在亚伯拉罕的后裔雅各的时候，才形成了以色列这个民族。神透过以色列这个国家的历史，显明祂耕作人类的计划，不仅是以色列百姓，也是耕作全人类，所以神所亲自掌管的以色列历史就不单纯是一个民族的历史，其中包含着面向全世界的神的信息。

那么，为什么神要选定以色列作为耕作人类的标本呢？乃因以色列人有优异的民族性，换句话说是因为他们的内心是很优秀的。

以色列百姓是神所喜悦的"信心之父"亚伯拉罕的后裔，也是很有耐力与神较力得胜的雅各的后裔。所以他们在国家沦亡后，经过了很长一段颠沛流离的生活，仍然持守他们的本体性。

几千年来，以色列人始终保存着神藉先知所说的话，也一直照神的吩咐生活。虽然，整个国家曾多次违背神的话，得罪神，但最后都悔改，回转归向神，他们对自己的神始终不曾失去信心。

二十世纪以色列复国的这件事上，可看出他们是雅各子孙——以色列民族的特性。

以西结书三十八章8节说："过了多日，你必被差派。到末后之年，你必来到脱离刀剑从列国收回之地，到以色列常久荒凉的山上，但那从列国中招聚出来的必在其上安然居住。"这里的"末后之年"指的是耕作人类的日子即将结束的时候，"以色列的山"指的是耶路撒冷城，耶路撒冷高于海平面760公尺（2494尺）。

因此，以西结才说"很多的居民要在以色列的山聚集"，这表示以色列要从世界各地来建立以色列国。照神的话，在主后（公元）70年被罗马帝国毁灭的以色列，在1948年5月14日又宣告成立以色列这个国家。以前以色列是"常久荒凉之地"，现在又成为强大的国家，是人不可轻忽，也不能任意挑衅的。

神选定以色列人的目的

为什么神要在以色列这个地方开始耕作人类？又为什么神要选择以色列民族，并掌管以色列的历史呢？

首先，神要透过以色列的历史向万国宣告祂是创造天地的主宰，是独一的真神，祂是又真又活的神。藉着以色列的历史，连外邦人也能够感觉得到神是存在的，也能知道神掌管着人类的历史。

"天下万民见你归在耶和华的名下，就要惧怕你。"（申命记二十八章10节）

"以色列啊，你是有福的！谁像你这蒙耶和华所拯救的百姓呢？祂是你的盾牌，帮助你，是你威荣的刀剑；你的仇敌必投降你，你必踏在他们的高处。"（申命记三十三章29节）

从以色列的历史可看到，神的选民享有许多的特权。

比如说：喇合接待约书亚派到迦南地的两个探子，她就对他们说："我知道耶和华已经把这地赐给你们，并且因你们的缘故我们都惊慌了。这地的一切居民在你们面前心都消化了，因为我们听见你们出埃及的时候，耶和华怎样在你们前面使红海的水干了，并且你们怎样待约旦河东的两个亚摩利王西宏和噩，将他们尽行毁灭。我们一听见这些事，心就消化了。因你们的缘故，并无一人有胆气。耶和华——你们的神，本是上天下地的神。"（参考约书亚记二章9-11节）

以色列人被掳到巴比伦时，但以理与神同行，尼布甲尼撒王因此经历与但以理同行的神。尼布甲尼撒王经历神之后，就只能说："现在我尼布甲尼撒赞美、尊崇、恭敬天上的王，因为祂所作的全都诚实，祂所行的也都公平。那行动骄傲的，他能降为卑。"（但以理书四章37节）

这样的事在波斯帝国时又发生过一次，在看到又真又活的神回应了以斯帖皇后的祷告之后，"王的谕旨所到的各省各城，犹大人都欢喜快乐，设摆筵宴，以那日为吉日。那国的人民，有许多因惧怕犹大人，就入了犹大籍。"（以斯帖记八章17节）

就这样，外邦人看到帮助以色列那又真又活的神，他们也敬畏神、敬拜神。后来，我们也因这些事认识神的威荣，因而敬拜祂。

第二，神希望所有人类能从以色列的历史体会神创造人、耕作人类的原因。

神耕作人是因为祂想得到真正的儿女。若要成为神的真儿女当要效法慈爱、公义、圣洁的神，即以神的心为心。神就是要这种爱神，并照祂的旨意生活的儿女。

当以色列人遵守神的诫命，服事祂的时候，神就使他们位于万国之上。相反，当以色列人事奉偶像，离弃神的诫命时，他们会碰到各种困难、灾祸，比如战争、天灾，甚至被掳。

在每件事上，以色列人学会在神面前谦卑。每当他们在神面前谦卑，神就以永不改变的慈爱和怜悯待他们，并把他们拥进祂恩典的膀臂。

所罗门王爱神、遵守祂诫命时就大享尊荣，但当他离弃神去拜偶像时，他所享有的尊荣就消失了。以色列的王，像大卫、约沙法、希西家，当他们遵守神的律法，国家就强盛，反之不走神的道路，国家就衰微，饱受外国的侵略。

以色列的历史就这样显明神的旨意，在列邦列国面前成为显明神旨意的镜子。神的旨意就是：照神的形像、样式所造的人，若是遵守祂的诫命，照祂的话分别为圣，就会得到神的祝福，活在祂的恩惠里。

以色列在万国万民之中成为神的选民，为的是要显明神的旨意。他们也要因保存神的话，成为祭司的国度而领受极大祝福。即使以色列人犯了罪，神也照着对以色列先祖所应许的，只要他们悔改，神便赦免他们的罪，使他们得以恢复与神的关系。

神应许给予祂选民最大的祝福，就是弥赛亚要从他们而出，这是极大的荣耀。

伟大的先祖

在人类久远的历史里，神将以色列保护在自己的羽翼下，在每个时代，神差派伟大的神人来帮助以色列，好叫以色列的名不至于从地上消失。这些属神的人都是神在人类耕作的计划里所结的果子，他们爱神、照神的话生活。神就藉着以色列这些伟大先祖来建立以色列根基。

亚伯拉罕：信心之父

亚伯拉罕因着他的信心和顺从被称为"信心之父"，要由他兴起一个国家。大约在四千年前他生于迦勒底的吾珥，蒙召之后得到神的慈爱，甚至被称为神的"朋友"。

神呼召亚伯拉罕，并应许他："你要离开本地、本族、父家，往我所要指示你的地去。我必叫你成为大国。我必赐福给你，叫你的名为大，你也要叫别人得福。"（参考创世记十二章1-2节）

那时候亚伯拉罕已经不年轻了，又没有继承人，也不知道要去哪里，因此要顺服神不是一件容易的事。然而，他完全相信神的话，相信神必会履行祂的诺言，于是亚伯拉罕就出发了。亚伯拉罕做每件事都凭着信心，神所应许的祝福，在他有生之年都得到了。

亚伯拉罕不但在神面前作出完全的顺从和善行，并且与众人和睦，善待众人。

比如说：亚伯拉罕照神的吩咐离开哈兰时，他的侄子罗得与他同行。当他们的财产变多，亚伯拉罕与罗得已无法同时在一个地方，因为水源和草木不足，导致"亚伯兰的牧人和罗得的牧人相争"（参考创世记十三章7节）。亚伯拉罕虽身为长辈，但他不寻求、不坚持自己的益处，让侄子罗得选择比较好的土地。

创世记十三章9节说："遍地不都在你眼前吗？请你离开我。你向左，我就向右；你向右，我就向左。"

亚伯拉罕是个心里清洁的人，若不是属于自己的，他不肯拿人家的一根线、一根鞋带（参考创世记十四章23节）。当神告诉亚伯拉罕所多玛和蛾摩拉沉溺罪中，要遭到毁灭的时候，亚伯拉罕有属灵的爱心，就求神怜恤那里的百姓，以致使神垂听他的恳求就向他承诺：若这城里有十个义人，便不毁灭那城。

亚伯拉罕良善又有全备的信心，即使神要他把独一的儿子献为燔祭，他也是完全顺服。

在创世记二十二章2节，神吩咐亚伯拉罕说："你带着你的儿子，就是你独生的儿子，你所爱的以撒，往摩利亚地去，在我所要指示你的山上，把他献为燔祭。"

以撒是亚伯拉罕一百岁所生的儿子。在以撒还未诞生之前，神已经告诉亚伯拉罕，他会有一个儿子来当他的继承人，他的后裔要像天上的星那么多。若亚伯拉罕有属肉体的想法，就无法遵从神要他把以撒献为燔祭的吩咐，但亚伯拉罕没有问神原因，当下就顺服了。

当亚伯拉罕伸手拿刀要杀以撒的时候，神的使者就呼叫他，对他说："你不可在这童子身上下手，一点不可害他。现在我知道你是敬畏神的了。因为你没有将你的儿子，就是你独生的儿子，留下不给我。"（创世记二十二章12节）这是何等动人，又是何等蒙福的事？

因为亚伯拉罕不随从属肉体的想法，在他内心就不会有冲突或焦虑，他总是凭着信心顺服神的吩咐。因为全然相信神是信实的神，神所应许的必然成就；全能的神可以叫死人复活；慈爱的神只想把好的东西赏赐给祂的儿女们。因为亚伯拉罕从内心里顺服神，所以神就认定他的行为是完全的。"耶和华说：'你既行了这事，不留下你的儿子，就是你独生的儿子，我便指着自己起誓说：论福，我必赐大福给你；论子孙，我必叫你的子孙多起来，如同天上的星，海边的沙。你子孙必得着仇敌的城门，并且地上万国都必因你的后裔得福，因为你听从了我的话。'"（创世记二十二章16-18节）

因亚伯拉罕有讨神喜悦的良善和信心，因此他被称为神的"朋友"，被当作是"信心之父"，并成为万国的父，也是各样福气的源头。那时神对他说："为你祝福的，我必赐福与他；那咒诅你的，我必咒诅他。地上的万族都要因你得福。"（创世记十二章3节）

神藉以色列先祖雅各与做梦的约瑟所要实现的计划

以撒是信心之父亚伯拉罕所生，以撒又生了以扫和雅各。雅各的内心比他的哥哥以扫要好，在母腹时神就拣选了雅各。雅各后来被称为"以色列"，成为以色列这个民族的开端，是以色列十二支派的始祖。

雅各素来对神的祝福和属灵的事，从内心里热望和追切地追求。甚至用诡诈的手法以红豆汤获取他哥哥以扫长子的名分。雅各虽有诡诈的属性，但神知道若他被改变，会是个很好的器皿，因此神让雅各经历二十年的熬炼，使他完全破碎，变为谦卑。

雅各用诡诈的方法获取了他哥哥以扫长子的名分之后，以扫就想要杀他，于是雅各逃走了，去与他的舅舅同住，为他牧养绵羊和山羊，非常辛苦地工作。创世记三十一章40节雅各这样说："我白日受尽干热，黑夜受尽寒霜，不得合眼睡着，我常是这样。"

神照每个人所耕种的回报他，神看雅各忠心地工作，就赏赐他许多财富。当神要他回到故土，雅各就离开拉班，带着他的家人和财产回去。来到雅博渡口时，雅各听说哥哥以扫带着四百人在河的对岸迎他而来。

雅各不能再回到拉班那里，因他已经跟拉班立了约，也不能渡过河去见以扫，因以扫想要复仇，以致雅各进退两难。但雅各不能再依靠自己的智慧，惟藉着祷告将一切交托给神，完全除掉了自己的想法，恳切祈求，甚至大腿窝被扭。

雅各与神较力且得胜，所以神就祝福他："你的名不要再叫雅各，要叫以色列，因为你与神与人较力，都得了胜。"（创世记三十二章28节）因此他可以跟哥哥以扫和解。

神之所以拣选雅各，是因他有坚韧不拔的心志，甚至能与神较力而取胜，而且品性正直，是一个经过熬炼就能成为胜任重大使命的好器皿。

雅各的十二个儿子，形成了以色列这个国家的根基，因他们只是个部落，神就把他们安置在强大的国家埃及里面，如此雅各的后裔能够成为一个大国。

这是神慈爱的计划，让他们不受别国的侵扰，这重大的任务是由雅各的第十一个儿子约瑟担负。

在雅各十二个儿子里，雅各对约瑟特别偏爱，这包括让他穿彩衣等等。哥哥恨他、嫉妒他，在他十七岁时，将他卖到埃及去当奴隶。但他既没有埋怨哥哥们，也不感到沮丧。

约瑟被卖到波提乏的家，波提乏是法老的内臣，是个护卫长。约瑟非常努力，极尽忠心地为波提乏工作，波提乏很喜爱他，也很信赖他，因此约瑟就成为波提乏家的总管，波提乏把家里的事都交托他。

然而，因约瑟的容貌俊美，波提乏的妻子开始引诱他。约瑟是敬畏神的人，不但正直，也很真诚，所以当波提乏的妻子引诱他时，他就大胆地对她说："我怎能作这大恶，得罪神呢？"（创世记三十九章9节）

然而波提乏的妻子无端控告他，约瑟就被关到法老王的监牢里。即使在监里，神仍与约瑟同在。神喜悦他，所以不多久，整个监狱都交由他管理。就这样一步一步地，约瑟得到了往后治理国家所需的智慧，更造就了他的政治资质，让他成为一个心胸宽大的伟大器皿。

他为法老解梦，当为他们所碰到的问题提供智慧的方法之后，约瑟成为仅次于埃及法老的统治者。就这样，因着神智慧的计划，藉着这些试炼，约瑟三十岁那年，成为当时强盛的埃及王国的宰相。

正如约瑟对法老所解的梦，埃及将有七个荒年，所以事先为这些荒年做准备，因此约瑟拯救了全埃及。约瑟的兄弟到埃及找食物，约瑟与他们团圆，家人也都搬到埃及，他们就在埃及定居发展，也为以色列国的诞生铺路。

摩西：使出埃及成真的伟大的领袖

在埃及定居之后，以色列的后裔人数的增加，财富也增加，很快的就增长到足以自成一国的地步。

在一个不认识约瑟的新王掌权后，开始监视以色列后裔的财富和力量。这个国王和他的臣子开始使以色列人为他们做苦工，使他们觉得命苦；无论是和泥、做砖或是做田间的各样工作，在一切的工上都严严地待他们（参考出埃及记一章13-14节）。

法老越发苦害他们，他们越发多起来，法老便下令杀掉以色列刚出生的男婴。神垂听以色列因着苦工所发出的哀求，记念他与亚伯拉罕、以撒和雅各所立的约。

"我要将你现在寄居的地，就是迦南全地，赐给你和你的后裔，永远为业。我也必作他们的神"（创世记十七章8节）

"我所赐给亚伯拉罕和以撒的地，我要赐给你与你的后

裔。"（创世记三十五章12节）

　　神为了救以色列人脱离苦难，把他们带进迦南地，就预备一个人，这人必须无条件顺服，并照祂的心意引导祂的百姓。

　　这人就是摩西。摩西出生之后，摩西的父母把他藏了三个月，直到不能再藏了，就把他放进一个箱子，把箱子搁在尼罗河岸边的芦苇里。法老的女儿发现了小箱子里小孩子后，决定收养他，把他当作自己的儿子。小孩的姐姐看到这个情形，就向法老的女儿推荐摩西的生母来当摩西的乳母。

　　摩西在皇宫里由他的生母养大，所以很自然地知道神及自己的同胞以色列人的事。

　　一天他看到埃及人打他的同胞，他就把那个埃及人杀了。这件事被发现后，摩西为了躲避法老王，逃到米甸，定居下来，在那里牧羊四十年。这也是出于神的旨意，要熬练摩西，使他成为带领以色列百姓出埃及的领袖。

　　在神自己所定的时候呼召摩西，要他把以色列人从埃及带进流奶与蜜的迦南地。

　　因为法老心刚硬，不听神藉摩西对他所吩咐的，因此神降十灾在埃及人身上，将以色列百姓连同他们的财务全都带离埃及。

　　在埃及人的长子都死了之后，法老和他的百姓才愿意在神面前屈膝，不再让以色列人作他们的奴隶。神亲自引导以色列百姓的每一步路，神分开红海，好叫以色列百姓可以从干地走过去；没有水喝的时候，神让水从磐石流出来；没东西吃的时候，神就赐他们吗哪和鹌鹑。神行这些神迹奇事，使摩西可以在旷野养活几百万人达四十年之久。

信实的神透过摩西的继承人约书亚把以色列百姓带进迦南地。神用祂的方法帮助约书亚和以色列百姓渡过约旦河，征服耶利哥城，又让他们占领了大部分流奶与蜜的迦南地。

当然，征服迦南地不止是神对以色列人的祝福，也是对犯罪败坏的迦南人公义的审判；迦南地的居民大多是败坏的，败坏就当面对审判，公义的神让以色列占领他们的地方。

照着神对亚伯拉罕所说的："到了第四代，他们必回到此地，因为亚摩利人的罪孽还没有满盈。"（创世记十五章16节）就这样，亚伯拉罕的后裔和他的儿子离开迦南到了埃及，在埃及定居，而后他的后裔又从埃及回到迦南地。

大卫：建立了强大的以色列

征服了迦南地之后，神在士师时期和以后的王国时期，透过士师和先知统治以色列。大卫爱神超过一切，到了大卫的王朝，以色列国的根基就建立起来了。

大卫年轻时用机弦甩石杀死了非利士的巨人歌利亚，因着肯定大卫在战场的表现，他被推举掌管扫罗王的军队。大卫打败非利士人归回的时候，以色列的妇女就唱和说："扫罗杀死千千，大卫杀死万万。"所有的以色列人都爱大卫，扫罗王因为嫉妒的缘故就想要杀大卫。

扫罗王拼命追杀大卫的过程中,大卫有两次机会可以杀扫罗,但因扫罗曾是神自己所膏的,大卫就不杀他。大卫向来善待扫罗王,有一次大卫脸伏于地,对扫罗王说:"我父啊! 看看你外袍的衣襟在我手中。我割下你的衣襟,没有杀你,你由此可以知道我没有恶意叛逆你。你虽然猎取我的命,我却没有得罪你。"(撒母耳记上二十四章11节)

大卫是合神心意的人,即使当上了国王,他仍凡事追求良善,以公义治理王国,建立了强大的以色列王国。神与大卫同行,大卫逐一占领非利士、摩押、亚玛力、亚扪等邻国,扩充以色列的国土,得到许多战利品,并受他们朝贡,国富民强,繁荣昌盛。

大卫还把神的约柜移到耶路撒冷,建立献祭制度,以耶路撒冷为中心确立了犹太教。大卫王建立耶路撒冷成为政治和宗教的中心,并为儿子所罗门预备建造圣殿所需的一切物资。

大卫王在位时,是以色列历史上最强大,最辉煌的时代。大卫王得到百姓的爱戴,也将这极大的荣耀归给神。

在这种荣耀的根基上,弥赛亚要从大卫的子孙出来,可见大卫是何等伟大的祖先了!

以利亚:使以色列人的心转向神

大卫的儿子所罗门晚年拜偶像,在他死后王国就分裂了。十二个支派里,十个组成北国以色列,其余组成南国犹大。

北国是由先知阿摩司和何西阿向百姓显明神的旨意，南国则由先知以赛亚和耶利米来做神事工。如此，神按时差派祂的先知成就祂的旨意。以利亚就是这类的先知。以利亚是在北国亚哈王的时候出来服侍神的。

在以利亚的时代，外邦人耶洗别成了以色列人的皇后，她把偶像引进以色列，使拜偶像的风气弥漫整个王国。以利亚的第一个任务就是要去告诉亚哈王，神对他们拜偶像的审判就是要叫以色列三年半不下雨。

当以利亚知道亚哈王和耶洗别要杀他，就逃到西顿的撒勒法。在那里一个寡妇供应他一块饼，以利亚回报她，为她行了神迹：直到饥荒结束，使她坛内的面不减少，瓶里的油也不缺短，以利亚也让寡妇的儿子死而复活。

在迦密山上以利亚与四百五十个巴力的先知，和四百个亚舍拉的先知较力，以利亚使神的火从天降下来。为了叫神的百姓离弃偶像，将心转向神，以利亚修复神的祭坛，把水浇在祭物和坛上，恳切地向神祷告。

"于是，耶和华降下火来，烧尽燔祭、木柴、石头、尘土，又烧干沟里的水。众民看见了，就俯伏在地，说：'耶和华是神！耶和华是神！'"（列王纪上十八章38-39节）

此外，神使三年半的饥荒结束，降下雨来。过约旦河如同走过干地，并预告即将发生的事。藉着显出神奇妙的能力，以利亚很清楚地见证了又真又活的神。

列王纪下二章11节说："他们正走着说话，忽有火车火马将二人隔开，以利亚就乘旋风升天去了。"因为神喜悦他极大的信心，以利亚蒙神肯定，也为神所爱，没有经过死亡就被接升天了。

但以理：向列国彰显神的荣耀

过了两百五十年，大约在公元前605年时，约雅敬在位的第三年，耶路撒冷因为尼布甲尼撒王入侵于是沦陷了，犹大国许多王族被掳走。

尼布甲尼撒王采用和解政策，指派太监长亚施毗拿把几个犹太人带进来，包括王族贵胄和年轻人，是没有残疾，容貌俊美，通晓各样学问，知识聪明具备，足以侍立在王宫里的人。王命令要教他们迦勒底的语言和文字，但以理就是其中的一个年轻人（参考但以理书一章3-4节）。

但是但以理下定决心不要被王的美食和酒所污染——因为他怕其中有神在律法上所禁止可憎的食物——就求太监长让他可以不受沾污（参考但以理书一章8节）。

但以理是个俘虏的身份，但他在生活的每件事上都敬畏神，所以神赐福于他，使他聪明通达，博学多才，甚至能明白各样异象和梦兆（参考但以理书一章17节）。

因此即使王国更替，他仍得到各个王的喜爱和肯定。尤其是波斯大利乌王知道但以理有美好的灵性，就指派他统管全国。宫廷里有一群官员非常嫉妒但以理，就开始在公务上找出能控告但以理的把柄，但他们找不着他的错误过失，因他忠心办事，毫无错误过失。

当他们知道但以理有一天三次祷告的习惯，总长和总督就来见王，要王立一个条规，三十天之内，若在王以外，向神或向人求什么，就要被丢到狮子坑。但以理还是不为所动，即使会牺牲高位、名声，甚至在狮子坑中丧命，他仍旧像先前一样，面向耶路撒冷继续祷告。

王下了命令，但以理被扔进狮子坑，但神差派祂的天使封住狮子的口，但以理没有受到伤害。知道这事之后，大利乌王就传旨，晓谕住在全地各方、各国、各族的人，让他们赞美神，将荣耀归给神，王的圣旨是这样写的：

> "现在我降旨晓谕我所统辖的全国人民，要在但以理的神面前战兢恐惧，因为祂是永远长存的活神，祂的国永不败坏，祂的权柄永存无极。祂护庇人、搭救人，在天上地下施行神迹奇事，救了但以理脱离狮子的口。"（但以理书六章26-27节）

以上这些是在神国里有名的信心的先祖，还有其他人的信心我们无法一一详细说明，如基甸、巴拉、底波拉、参孙、耶弗他、撒母耳、以赛亚、耶利米、以西结、但以理的三个朋友、以斯帖等圣经里介绍的先知。

为天下万民所差遣的众信心的先祖

从以色列这个国家被建立的初期，神就已经规划了这个国家的蓝图，每一次以色列遇到危险时，神总是戏剧性地拯救他们，并透过祂所预备的神人先知来主导这个国家的历史，使自己的名大得荣耀。

因此，跟别的国家不同，以色列国的历史是照着神的旨意一步一步发展；从亚伯拉罕时代，以后直到世界的末了也是如此。

但要记住的是：神为自己所拣选，所爱的以色列民所设立的神人先知，不只是为了选民以色列，也是为全世界信神的人。

"亚伯拉罕必要成为强大的国，地上的万国都必因他得福。"（创世记十八章18节）

神愿"地上的万国"都能因着信成为亚伯拉罕的后裔，也都能得到亚伯拉罕所得到的福气，神的福气不是只给祂的选民以色列；神在创世记十七章4至五节应许亚伯拉罕要成为多国的父，创世记十二章3节说地上的万族要因亚伯拉罕得福，创世记二十二章17至18节说地上的万国要因亚伯拉罕的后裔得福。

同时，透过以色列的历史，神亦开启了能叫地上的万国知道主耶和华是惟一的真神，天下万民爱祂、服侍祂，成为真正爱神的真儿女的道路。

> "素来没有访问我的，现在求问我；没有寻找我的，我叫他们遇见；没有称为我名下的，我对他们说：'我在这里！我在这里！'"（以赛亚书六十五章1节）

神兴起这些伟大的先祖，掌管以色列的历史，为的就是让外邦人和祂的选民以色列人求告祂的名。到了时候，神为了将只限于选民以色列实行的耕作人类的计划，扩展到全人类，立定了又一个奇妙的计划——差祂的儿子进入以色列地，使他不仅成为以色列人的弥赛亚，也成为全人类的弥赛亚。

见证耶稣基督的人们

在耕作人类的历史中，以色列向来是完成神的旨意的最重要部分；神借着伟大的神人先知们彰显自己，向以色列众民应许要成就的事，并分毫不差地成就了。神也告诉以色列人弥赛亚要从犹大支派的大卫的谱系中出来，要拯救世上的万国万民。

于是，以色列等候旧约所预言的弥赛亚，弥赛亚就是耶稣基督。当然，笃信犹太教的人不认为耶稣就是神的儿子——弥赛亚，因此他们还在等弥赛亚的到来。

然而，以色列所等候的弥赛亚与本章所讲的是同一个。

耶稣基督是谁呢？若查考弥赛亚的预言是如何应验及其资格，就能肯定以色列人所等候的弥赛亚就是耶稣基督了。

保罗：由逼迫耶稣基督变成使徒

保罗大约生于两千年前的大数，是基利家人，也就是今天的土耳其。保罗出生时他的名字叫做扫罗，他出生第八日就受割礼，是以色列便雅悯支派的人，是希伯来人中的希伯来人。以律法的义说，扫罗是无可指摘的。扫罗在迦玛列的门下受教，迦玛列是众人所敬重的律法师。扫罗严守先祖所传下来的律法，他也是当时第一强权罗马帝国的公民。也就是说：就肉体的条件看来，不论是家庭、血统、知识、财富和权力，保罗都一无所缺。

因扫罗非常爱神，他极力逼迫跟随耶稣基督的人。那是因为他听到基督徒宣称被钉十字架的耶稣是神的儿子，是救主，是死后第三天复活的，保罗认为这等于是亵渎神。

扫罗也认为耶稣的门徒会威胁到他所热心跟随的法利赛人的犹太教，扫罗不遗余力地逼迫，摧毁教会，并带头逮捕跟随耶稣基督的人；他囚禁许多基督徒，投票赞成把他们处死。在各教会堂刑罚主耶稣的信徒，逼他们亵渎耶稣基督，甚至去到外邦的城市逼迫信主耶稣的人。

之后扫罗有段跟神特殊的经历，从此他的生命彻底地改变了；在他要去大马士革的途中，从天上有大光照着他：

"扫罗，扫罗！你为什么逼迫我？"

"主啊，你是谁？"

"我就是你所逼迫的耶稣。"（参考使徒行传九章4-5节）

扫罗从地上站起来，但他的眼睛看不到任何东西，人就把他带到大马士革，在那里三天之久看不到任何东西，他不吃也不喝。经过这件事，神在异象中向一个叫亚拿尼亚的人显现。

"主对他说：'起来！往直街去，在犹大的家里，访问一个大数人，名叫扫罗。他正祷告；又看见了一个人，名叫亚拿尼亚，进来按手在他身上，叫他能看见。'……主对亚拿尼亚说，'你只管去。他是我所拣选的器皿，要在外邦人和君王并以色列人面前宣扬我的名。我也要指示他，为我的名必须受许多的苦难。'"（参考使徒行传九章11-12节、15-16节）

亚拿尼亚按手为扫罗祷告，扫罗的眼睛马上好像有鳞片掉了下来，能看到了。遇见了主之后，扫罗彻底认自己的罪，就把自己的名字改为"保罗"。保罗的意思就是"很小的人"，从此保罗大胆向外邦人传扬又真又活的神和耶稣基督的福音。

"弟兄们，我告诉你们，我素来所传的福音，不是出于人的意思，因为我不是从人领受的，也不是人教导我的，乃是从耶稣基督启示来的。你们听见我从前在犹太教中所行的事，怎样极力逼迫、残害神的教会。我又在犹太教中，比我本国许多同岁的人更有长进，为我祖宗的遗传更加热心。然而那把我从母腹里分别出来、又施恩召我的神，既然乐意将他儿子启示在我心里，叫我把他传在外邦人中，我就没有与属血气的人商量，也没有上耶路撒冷去见那些比我先作使徒的，惟独往阿拉伯去，后又回到大马士革。"（加拉太书一章11-17节）

即使有遇见主的经验，保罗在传福音的过程还是碰到了许多困难。保罗说他比其他人多受劳苦、多下监牢、更多受鞭打，有生命

的危险，多次不得睡，又饥又渴；多次不得食，受风寒，赤身露体。（参考哥林多后书十一章23-27节）

保罗有地位、权柄、知识和智慧，他本该飞黄腾达，过舒服的日子，但他把他所有的一切都献给了主。

> "我原是使徒中最小的，不配称为使徒，因为我从前逼迫神的教会。然而我今日成了何等人，是蒙神的恩才成的；并且他所赐我的恩不是徒然的。我比众使徒格外劳苦，这原不是我，乃是神的恩与我同在。"（哥林多前书十五章9-10节）

保罗有真实与耶稣基督相遇的经验，所以他可以这样大胆宣告。主不只在大马士革的路上向保罗显现，也与保罗同在。

神藉保罗的手行了非常的奇事，甚至有人从保罗身上拿手巾或围裙，放在病人身上，病就退了，恶鬼也出去了。保罗也叫从三楼摔下来，已经摔死的犹推古又活过来。若不是神的大能，要叫死人复活是不可能的。

旧约说以利亚叫撒勒法的寡妇死去的儿子复活，先知以利沙也叫一个书念有名的妇人的儿子复活。诗篇六十二篇11节说："神说了一次、两次，我都听见：就是能力都属乎神。"

保罗的三次宣教旅程中，为了要将耶稣基督的福音传到地极，而在小亚细亚和希腊等地建立了许多教会。透过这些管道，耶稣基督的福音传到世界各个地方，许多的灵魂便可因此得救。

彼得行大能，许多人得救

　　彼得是最先把福音传给犹太人的，他是个怎么样的人呢？彼得在遇见耶稣之前是个很普通的渔夫，但耶稣呼召他之后，他亲眼看见耶稣所行的许多神迹奇事，彼得成了首门徒。

　　彼得亲眼目睹耶稣所行的使瞎子睁眼、瘫子行走、死人复活等人所不能行的权能，以及所行的善事和遮掩所有人的缺欠和过犯的爱心，就相信祂是从神那里来的，在马太福音十六章我们看到彼得的宣告。

　　"你们说我是谁？"
　　"你是基督，是永生神的儿子。"（马太福音十六章15-16节）

　　之后就有很难想象的事发生在做这样宣告的人身上，彼得甚至在耶稣最后的晚餐上告白："众人虽然为你的缘故跌倒，我却永不跌倒。"（参考马太福音二十六章33节）但那个晚上耶稣被抓，被钉十字架，彼得因怕死，三次不认主。

　　耶稣复活又升天之后，彼得领受了圣灵，生命有了神奇的改变；他不再怕死，为传福音奉献了他的生命。当他放胆见证耶稣基督的时候，一天之内便有三千人悔改受浸。即使在威胁他要取他性命的犹太领袖面前，他也大胆地宣称耶稣基督是独一无二的救主。

　　"你们各人要悔改，奉耶稣基督的名受洗，叫你们的罪得救，就必领受所赐的圣灵。因为这应许是给你们和你们的儿女，并一切在远方的人，就是主我们神所召来的。"（使徒行传二章38-39节）

"他是你们匠人所弃的石头，已成了房角的头块石头。除他以外，别无拯救。因为在天下人间，没有赐下别的名，我们可以靠着得救。"（使徒行传四章11-12节）

彼得藉着行许多的神迹奇事来彰显神的能力。他在吕大医治一个瘫痪八年的人，在附近的约帕又叫病死的大比大死而复活；彼得也叫瘸腿的起来走路，又医治各种疾病，使许多附鬼的得到释放。

神的能力随着彼得，甚至百姓把病人抬到街上，放在床上或褥子上，指望彼得会从那里经过，他的影子会照在人身上（使徒行传五章15节）。

同时，神也透过异象向彼得启示福音要传给外邦人：有一天彼得上屋顶祷告，他觉得饿了，想吃东西，那食物还没预备好，彼得魂游象外，看见天开了，有像一块大布的东西降下来。里面有地上各样四足的走兽，及地上爬的和空中飞的（参考使徒行传十章9-12节）。

"彼得，起来，宰了吃！"
"主啊，这是不可的！

凡俗物和不洁净的物我从来没有吃过。"

"神所洁净的，你不可当作俗物。"

(参考使徒行传十章13-15节)

这样一连三次，那些东西又都收回天上去了。彼得不明白神为何要叫他吃律法书上定为"不洁净"的东西。彼得正思想这个异象的时候，圣灵就告诉他："有三个人来找你。起来，下去，和他们同往，不要疑惑，因为是我差他们来的。"（使徒行传十章19-20节）有三个代表外邦人哥尼流的人来了，他们邀彼得到哥尼流的家去。

透过这个异象，神向彼得显明神的怜悯要临到外邦人，神要彼得把耶稣基督的福音传给他们。彼得很感谢神，尽管他三次不认主，主还是爱他到底，把他当作使徒，并将神圣的任务交托他。所以他就不吝惜自己的生命，为让无数的人可以走上救恩之路，最后自己也为此殉道。

使徒约翰藉着耶稣基督的启示预言末后的日子

约翰原来是加利利的渔夫，被呼召后，就跟随耶稣，他亲眼目睹耶稣所行的神迹奇事，看见耶稣在迦拿的婚宴把水变成酒，看见耶稣医治了许多病人，其中有一个病了三十八年；还有从许多人身上赶出鬼，叫瞎眼的得以看见；约翰也看见耶稣在水面行走，叫已死了四天的拉撒路复活。

耶稣变了形像，在山顶上跟摩西和以利亚说话的时候，约翰也跟着耶稣。即使在耶稣被钉十字架时，约翰还听到耶稣对马利亚和他自己说：

"母亲（原文作"妇人"），看，你的儿子！"
"看你的母亲！"（约翰福音十九章26-27节）

耶稣在十字架上所讲的第三句话，就字面上意义是安慰生祂养祂的马利亚，但属灵的意义是对所有人类宣告，所有的信徒都是弟兄姊妹，都是母亲。

耶稣从来没有说马利亚是祂的母亲，因为耶稣是神的儿子，而实际上也就是神自己，没有人可以生祂，祂也不会有母亲。耶稣会告诉约翰："看你的母亲！"那是表示约翰要像服事母亲一样服侍马利亚。从那时候开始，约翰就把马利亚接到家中，像服侍自己的母亲一样服侍她。

耶稣复活、升天后，虽受犹太人不断地威胁，但约翰还是与其他的使徒殷勤地传福音。早期的教会，就因为他们如此火热地传福音而非常兴旺，但使徒也同时面临危及生命的极大的逼迫。

使徒约翰被犹太人的公会审问，后来被罗马皇帝多米田判处下油锅的刑罚，但约翰因神的能力和旨意而毫发无伤，罗马皇帝把他放逐到位于地中海沿岸的拔摩岛。在那里透过祷告与神沟通，藉着圣灵的启示和天使的引导，看到许多深奥的异象，就把耶稣基督的启示记录下来。

"耶稣基督的启示，就是神赐给祂，叫祂将必要快成的事

指示祂的众仆人。祂就差遣使者晓谕祂的仆人约翰。"

（启示录一章1节）

在圣灵的启示下，约翰详细地写下末后会发生的事，好叫人

可以接受耶稣作个人的救主，并预备自己，在耶稣第二次再临的时

候，接待这位万王之王，万主之主。

早期的圣徒坚守信仰

复活的耶稣要升天的时候向门徒应许，他们看祂怎么升天，以

后祂就会怎么再来。

许多人亲眼目睹耶稣复活、升天的场面，他们因此经历醒悟

到他们自己也会复活，不必再惧怕死亡。因此他们在面对这世界

统治者的弹压和逼迫，必须牺牲生命时，他们还是可以过见证主

的生活。

不仅耶稣在世上时，服侍过祂的人，还有许多在罗马的圆形竞

技场（Colosseum）被狮子咬死、被砍头、被钉十字架、被烧成灰的

人，他们都持守着对耶稣基督的信仰。

基督徒受逼迫越来越厉害，早期教会的圣徒就躲到罗马的墓

穴，也就是"地下埋葬死人的地方"。他们的生活很悲惨，好像在

死亡中生活，但因着对主的热爱，他们就不怕任何试炼和患难。

基督教未被罗马官方承认之前，基督徒饱受逼迫，手段之残酷

难以形容：他们被除去罗马公民的资格，圣经和教堂都被烧毁，教会领袖和同工被捕、饱受严刑拷打、甚至被处决。

小亚细亚士每拿的坡旅甲（Polycarp）教主与使徒约翰曾有过交通。波里卡是个全然奉献的牧会者，虽被罗马政府逮捕，站在统治者面前，但他仍未放弃自己的信仰。

"我不想侮辱你，只要你下令叫人杀这些基督徒，我就释放你，你咒诅基督吧！"

"我作祂的仆人八十六年，祂不曾亏待我，我怎能背叛拯救我的王！"

于是他们就把他烧死，士每拿的主教就这样殉道了。其他基督徒看到波里卡的信心，看见他如此殉道，他们便更能体会耶稣基督的受难，因此也走上了殉道之路。

> "以色列人哪，论到这些人，你们应当小心怎样办理。从前丢大起来，自夸为大，附从他的人约有四百；他被杀后，附从他的全都散了，归于无有。此后，报名上册的时候，又有加利利的犹大起来，引诱些百姓跟从他；他也灭亡，附从他的人也都四散了。现在，我劝你们不要管这些人，任凭他们吧！他们所谋的、所行的，若是出于人，必要败坏；若是出于神，你们就不能败坏他们，恐怕你们倒是攻击神了。"
>
> （参考使徒行传五章35-39节）

正如德高望重的迦玛列劝以色列人说的话，出于神的耶稣基督的福音是挡不住的。最后在主后313年，罗马皇帝君士坦丁就把基督教当作罗马帝国的国教，耶稣基督的福音从此传遍世界各地。

彼拉多的报告见证耶稣

罗马帝国时代，历史文献中有一份是罗马帝国犹大的省长彼拉多讲到耶稣复活的事，那是他写给罗马皇帝的报告。

下面是其中的一段，这是从耶稣被捕，被审判和被钉十字架摘录的，现在这份资料保存在土耳其伊斯坦堡的圣索菲亚大教堂（Hagia Sophia）：

"在坟墓被发现是空的几天后，耶稣的门徒在全国各地宣扬，耶稣照祂自己所预言的，已经从死里复活了，这比祂被钉十字架所引起的骚动还要大。我不十分清楚怎么一回事，但对这件事我也做了一番调查。

约瑟把耶稣埋在他自己的坟墓。在耶稣被埋葬之后的第一天，有一个祭司来见我说，他们担心耶稣的门徒会来把祂的尸体偷走，藏起来，然后说祂已经照自己先前所说的，从死里复活了。他们相信门徒是会这样做的。

我带他去见护卫队的队长，要他尽量多派些犹太人的士兵来看守坟墓，若还发生什么事，就要犹太人自己负责，不要怪罪罗马人了。

当他们发现坟墓是空的，引起骚动之后，我比以前更担心。我叫一个名为伊斯兰的人来，他跟我报告了我底下讲这些情况，我尽量照他的描述来说明。他们看见坟墓上面有柔和又美丽的光芒，发现那个地方很亮，有一群穿着寿衣的死人聚集在那里。

大家几乎都在大声呼喊，情绪很激动，四周及上面都可以听到很美的音乐，那是从未听过的，空气中充满了赞美神的声音。"

马太福音二十七章51-53节说："忽然，殿里的幔子从上到下裂为两半，地也震动，磐石也崩裂，坟墓也开了，已睡圣徒的身体，多有起来的。到耶稣复活以后，他们从坟墓里出来，进了圣城，向许多人显现。"罗马的卫士也作了同样的见证。

彼拉多写下了罗马士兵所看见属灵的现象之后，他就在报告要结束之前这样说："我的确要说：这真是神的儿子。"

主耶稣基督数不清的见证人

不仅耶稣在当时见证天国的福音，就如同耶稣在约翰福音十四章13节所说的："你们奉我的名无论求什么，我必成就，叫父因儿子得荣耀。"自从耶稣基督复活、升天之后，许多人也从祷告中领受了神的应允。

"但圣灵降临在你们身上，你们就必得着能力；并要在耶
路撒冷、犹太全地和撒玛利亚，直到地极，做我的见证。"
（使徒行传一章8节）

　　我曾经得了医学上治不好的病，但因着神的能力，使我得着医
治，于是接受了主。之后，我呼召为主的仆人，就一直向万民传扬福
音，并且行了许多的神迹奇事。

　　照上面经文中所应许的，许多人领受了圣灵，成为神的儿女，
他们奉献生命，带着圣灵的能力传扬耶稣基督的福音。因此今天福
音传遍全世界，许多人遇见又真又活的神，并接受了耶稣基督。

"你们往普天下去，传福音给万民听（"万民"原文作"凡
受造的"）。信而受洗的必然得救，不信的必被定罪。信的
人必有神迹随着他们，就是：奉我的名赶鬼，说新方言，手
能拿蛇；若喝了什么毒物，也必不受害；手按病人，病人就
必好了。"（马可福音十六章15-18节）

建在耶路撒冷各各他山上的圣墓教堂

第二章

神所差来的弥赛亚

神应许将有弥赛亚来到

　　以色列亡国时，饱受波斯和罗马等帝国的侵略。神透过众先知，给他们许多关于弥赛亚的应许，说会有弥赛亚来当以色列的王。对受逼迫的以色列民族来说，神应许的弥赛亚成了他们心中最大的盼望。

　　"因有一婴孩为我们而生，有一子赐给我们，政权必担在他的肩头上。他名称为奇妙、策士、全能的神、永在的父、和平的君。他的政权与平安必加增无穷。他必在大卫的宝座上治理他的国，以公平公义使国坚定稳固，从今直到永远。万军之耶和华的热心必成就这事。"（以赛亚书九章6-7节）

　　"耶和华说：'日子将到，我要给大卫兴起一个公义的苗裔。他必掌王权，行事有智慧，在地上施行公平和公义。在他的日子，犹大必得救，以色列也安然居住。他的名必称为耶和华我们的义'"（耶利米书二十三章5-6节）

　　"锡安的民哪，应当大大喜乐！耶路撒冷的民哪，应当欢呼！看哪，你的王来到你这里！他是公义的，并且施行拯救，谦谦和和地骑着驴，就是骑着驴的驹子。我必除灭以法莲的战车，和耶路撒冷的战马。争战的弓也必除灭。他必向列国讲和平，他的权柄必从这海管到那海，从大河管到地极。"（撒迦利亚书九章9-10节）

直到如今以色列人仍在等候弥赛亚。为什么以色列人迫切期待的弥赛亚迟迟不来呢？许多犹太人都在求问这个答案，但实际上弥赛亚已经来了，他们却不知道。

照以赛亚所预言，耶稣是受苦的弥赛亚

神所应许，已经差来的，的确就是耶稣。

耶稣生于两千年前犹大的伯利恒，时候满足了，耶稣就死在十字架上。祂复活，给全人类开启了得救之路。耶稣当时的犹太人却未认出耶稣就是他们所等候的弥赛亚，乃因耶稣完全不是他们所期待的样式呈现。

犹太人对一再忍受异族的统治已很不耐烦，他们希望有一个强而有力的弥赛亚作他们的王，拯救他们脱离政治的困境，使他们不用打仗，不再受人逼迫，能给他们带来永久的和平，使他们比其他的国家更强大。

但耶稣来到世界却没有君王的威荣，而出身只是一名贫穷木匠的儿子。祂未能使以色列人脱离罗马帝国的统治，也未恢复他们先前的荣光。而祂是来拯救全人类，使人类无须因亚当犯罪而沉沦，而得以成为神的真儿女。

因此，犹太人未认出耶稣是弥赛亚，反倒把祂钉十字架。我们若研读圣经中有关弥赛亚的描述，就可以肯定地说，耶稣的确就是弥赛亚。

"他在耶和华面前生长如嫩芽，像根出于干地。他无佳形美容，我们看见他的时候，也无美貌使我们美慕他。他被藐视，被人厌弃，多受痛苦，常经忧患。他被藐视，好像被人掩面不看的一样。我们也不尊重他。"（以赛亚书五十三章2-3节）

神告诉以色列人，以色列的王——弥赛亚没有吸引人的佳形美容，祂反而会被蔑视、弃绝，但以色列人还是未能认出耶稣就是所应许的弥赛亚。

祂被神的选民以色列人蔑视，弃绝，但神高举耶稣基督，使祂高于万国之上，今天许多人都相信接受了耶稣基督做他们的救主。

诗篇一百一十八篇22-23节说："匠人所弃的石头已成了房角的头块石头。这是耶和华所做的，在我们眼中看为希奇。"以色列人所弃绝的耶稣却成就了神拯救人类的计划。

耶稣虽没有以色列民族对弥赛亚所期待的外表，但我们可以了解神藉着先知所预言的弥赛亚就是耶稣。

神应许，透过弥赛亚所要赐给我们的，无论是荣耀、平安或者恢复与神的关系，这些都是属灵的事；耶稣来到世界乃是要成就弥赛亚的工作，耶稣说："我的国不属这世界。"（参考约翰福音十八章36节）

神所预言的弥赛亚不是有属世权柄和荣耀的王。弥赛亚到世上来，不是为了让神的儿女在暂时的尘世里享有财富、名声、荣耀，祂是要把人从罪恶里拯救出来，不但要地上也在天国里永远享有幸福与荣耀。

> "到那日，耶西的根立作万民的大旗，外邦人必寻求祂，祂安息之所大有荣耀。"（以赛亚书十一章10节）

神所应许的弥赛亚来到世上，不仅是为神的选民以色列人，也是为那跟随亚伯拉罕信心脚踪的，领受神在弥赛亚身上的应许，让他们得蒙拯救的应许。总而言之，弥赛亚就是要成为全世界的救主，完成神救赎的应许。

全人类需要救主

为什么弥赛亚来到世上不仅是为拯救以色列人，也是为拯救所有的人类？

创世记一章28节，神赐福给亚当和夏娃，说："要生养众多，遍满地面，治理这地；也要管理海里的鱼、空中的鸟，和地上各样行动的活物。"

耶稣应验了预言

神透过先知预言的弥赛亚，已在耶稣身上应验了：人类的救主耶稣基督降生、传道、被钉十字架死亡到复活，都是在神的旨意当中进行。

耶稣在伯利恒为童贞女所生

神透过先知以赛亚预言耶稣的诞生。在神所定的时间，神的能力降临在加利利拿撒勒一个纯洁的女人马利亚身上，使她怀孕生子。

> "因此，主自己要给你们一个兆头，必有童女怀孕生子，给他起名叫以马内利（就是"神与我们同在"的意思）。"（以赛亚书七章14节）

神对以色列的应许："大卫必永不断人坐在以色列家的宝座上。"（耶利米书三十三章17节）神让弥赛亚从名叫马利亚的女人出来。马利亚原是许配给约瑟的，约瑟是大卫的后裔。因亚当后裔生的带有原罪，不能把人类从罪恶里拯救出来。神在马利亚与约瑟结婚之前，使她以童女之身把耶稣生下来，如此应验了先知的预言。

> "伯利恒以法他啊，你在犹大诸城中为小。将来必有一位从你那里出来，在以色列中为我作掌权的；祂的根源从亘古、从太初就有。"（弥迦书五章2节）

圣经预言耶稣要生在伯利恒，耶稣的确是在希律王时生在犹大的伯利恒(参考马太福音二章1节)，历史的事实就是如此。

耶稣出生的时候，希律王很怕他的统治受到威胁，想要把耶稣杀掉，但找不到婴孩耶稣，就把伯利恒和附近四境的男孩，凡两岁之内的孩子都杀光了，所以在那个地方满了悲伤哭泣的声音。

耶稣若不是真要来做犹太人的王，为何希律王为杀掉这小孩，要牺牲这么多孩子，造成这样的悲剧呢？乃因魔鬼不愿失去统治世界的权柄，而煽动害怕失去王位的希律王，使其犯下这残暴的罪行，目的是要把弥赛亚杀掉。

耶稣见证又真又活的神

耶稣未传道之前，有三十年之久，祂完全遵守律法的规矩。当祂长大可当祭司时，就已经计划好弥赛亚的职责。

> "主耶和华的灵在我身上，因为耶和华用膏膏我，叫我传好信息给谦卑的人（或作"传福音给贫穷的人"），差遣我医好伤心的人，报告被掳的得释放，被囚的出监牢；报告耶和华的恩年，和我们神报仇的日子，安慰一切悲哀的人；赐

华冠与锡安悲哀的人，代替灰尘，喜乐油代替悲哀，赞美衣代替忧伤之灵。使他们称为公义树，是耶和华所栽的，叫祂得荣耀。"（以赛亚书六十一章1-3节）

从上面这段预言，神的儿子道成肉身来到世上的耶稣，用神的能力解决了所有生命的问题，祂安慰心灵破碎的。在神所定的时候，祂就到耶路撒冷受难了。

"锡安的民哪，应当大大喜乐！耶路撒冷的民哪，应当欢呼！看哪，你的王来到你这里，他是公义的，并且施行拯救，谦谦和和地骑着驴，就是骑着驴的驹子。"（撒迦利亚书九章9节）

照撒迦利亚书的预言，耶稣是骑一只小驴子进入耶路撒冷城，群众这样欢呼："和散那归于大卫的子孙（"和散那"原有"求救"的意思，在此乃称颂的话）！奉主名来的，是应当称颂的！高高在上和散那！"（参考马太福音二十一章9节）那时整个城为之欢腾，百姓非常高兴，乃因耶稣行了许多的神迹奇事，能在水面行走，叫死人复活等等。但很快地，群众就出卖祂，将祂钉在十字架。

祭司、法利赛人和文士看到很多群众跟随耶稣，要听祂权威的话语，看祂彰显的神的大能，就感到他们的地位受威胁了，因此他们恨耶稣，想杀耶稣。他们编了许多假证据，控告耶稣，说祂颠狂了、迷惑群众，并煽动群众反对耶稣。耶稣行许多神迹奇事，而这些神迹奇事若没有神与祂同在，是行不出来的，但他们就是想除掉耶稣。

最后，耶稣的一个门徒出卖了耶稣，祭司为了要逮捕耶稣，付给他三十块银钱。撒迦利亚书关于三十两银钱作工价的预言是这样说的：

> "我对他们说：'你们若以为美，就给我工价。不然，就罢了。'于是他们给了三十块钱，作为我的工价。耶和华吩咐我说：'要把众人所估定美好的价值 丢给窑户。'我便将这三十块钱，在耶和华的殿中丢给窑户了。"（撒迦利亚书十一章12-13节）

后来为了三十块银钱出卖耶稣的人因为有罪疚感，就把三十块银钱丢进圣殿里，但祭司却用这笔钱买了一块窑户的土地（参考马太福音二十七章3-10节）。

耶稣的受难和死

照以赛亚书的预言，耶稣受难是为了拯救所有的人类。耶稣来到这个世界是为了完成神拯救人类的计划，被挂在木头上代表祂代替全人类受咒诅，当作赎罪祭献给神。

"他诚然担当我们的忧患，背负我们的痛苦；我们却以为他受责罚，被神击打苦待了。哪知他为我们的过犯受害，为我们的罪孽压伤。因他受的刑罚，我们得平安；因他受的鞭伤，我们得医治。我们都如羊走迷，各人偏行己路，耶和华使我们众人的罪孽都归在他身上。他被欺压，在受苦的时候却不开口（或作"他受欺压，却自卑不开口"）他像羊羔被牵到宰杀之地，又像羊在剪毛的人手下无声，他也是这样不开口。因受欺压和审判，他被夺去，至于他同世的人，谁想他受鞭打、从活人之地被剪除，是因我百姓的罪过呢？他虽然未行强暴，口中也没有诡诈，人还使他与恶人同埋；谁知死的时候与财主同葬。耶和华却定意（或作"喜悦"）将他压伤，使他受痛苦；耶和华以他为赎罪祭（或作"他献本身为赎罪祭"）他必看见后裔，并且延长年日，耶和华所喜悦的事必在他手中亨通。"（以赛亚书五十三章4-10节）

旧约时代，当人冒犯神的时候，就以流血的动物献给神。但耶稣所流纯洁的血既没有原罪，也没有自犯罪，祂"献了一次永远的赎罪祭"，好让所有的人可以罪得赦免，可以进入永远的生命（参考希伯来书十章11-12节）。如此，人因相信耶稣基督可以使自己的罪得到赦免，不需要再献上动物的血。

当耶稣在十字架上咽下祂的最后一口气，圣殿的幔子就从上到下裂为两半。（参考马太福音二十七章51节）。幔子原是用来把圣所和至圣所分开的，一般人不能进到圣所，只有大祭司可以一年一次进入至圣所。

"殿里的幔子从上到下裂为两半"表示耶稣献上自己为赎罪祭的时候，就把我们与神之间隔断的罪墙拆毁。旧约时代，大祭司为了救赎以色列人脱离罪恶，替百姓在神面前祷告，就必须在神面前献祭。我们与神之间的罪恶之墙已除掉，我们便可以与神沟通，也就是说：凡是相信耶稣基督的人，都可以进入神的圣所敬拜祂，向祂祷告。

> "所以，我要使他与位大的同份，与强盛的均分掳物；因为他将命倾倒，以致于死，他也被列在罪犯之中。他却担当多人的罪，又为罪犯代求。"（以赛亚书五十三章12节）

照先知以赛亚所说弥赛亚会如何受难，被钉十字架，耶稣就这样被列为犯人，死在十字架上。即使快死在十字架上，祂还求神赦免那些把祂钉十字架的人。

> "父啊，赦免他们！因为他们所作的，他们不晓得。"（路加福音二十三章34节）

耶稣死在十字架，就应验了诗篇作者这样的预言："又保全祂一身的骨头，连一根也不折断。"（诗篇三十四篇20节）这件事也写在约翰福音十九章32-33节："于是兵丁来，把头一个人的腿，并与耶稣同钉第二个人的腿都打断了。只是来到耶稣那里，见祂已经死了，就不打断祂的腿。"

耶稣成就了弥赛亚的事工，便复活升天

耶稣在十字架上承担了人类的罪恶，成为赎罪祭，但神救恩的计划并非耶稣一死就完成的。

诗篇十六篇10节说："因为你必不将我的灵魂撇在阴间，也不叫你的圣者见朽坏。"诗篇一百一十八篇17节说："我必不至死，仍要存活，并要传扬耶和华的作为。"照此预言，耶稣的身体没有烂掉，祂在死后第三天复活了。

诗篇六十八篇18节又有进一步的预言："你已经升上高天掳掠仇敌；你在人间，就是在悖逆的人间受了供献，叫耶和华神可以与他们同住。"耶稣升天，在那里等候，祂要在末日完成人类的耕作，带领祂的百姓进入天国。

我们很容易发现，神透过先知所说的弥赛亚的预言，完全在耶稣基督身上应验了。

弥赛亚的死与关于以色列的预言

神的选民虽末认出耶稣就是弥赛亚，但神并没有放弃祂的选民，现今仍然进行拯救以色列的计划。

神因深爱以色列人，希望他们能接受祂所差派的弥赛亚而得救，即使耶稣被钉十字架，神仍透过耶稣被钉十字架的事预言以色列未来的事。

以色列人因把耶稣钉死而受苦

虽然罗马的巡抚本丢·彼拉多把耶稣判了死刑，但实际上是犹太人逼彼拉多这样做的。彼拉多知道判耶稣死刑是没有道理的，但群众逼他这样做，群众大声喊着说要把耶稣钉十字架，几乎要引起动乱。

为了表明把耶稣钉十字架是出于犹太人的决定，彼拉多在百姓面前洗手，说："流这义人的血，罪不在我，你们承当吧！"（马太福音二十七章24节下）犹太人这样回答："他的血归到我们和我们的子孙身上。"（马太福音二十七章25节）

主后（公元）七十年，罗马的提多将军攻下了耶路撒冷，圣殿被毁了，活下来的人也被迫离开他们的家园，分散在世界各地。从此开始以色列的复国运动，这个运动延续了将近两千年之久。在复国的这段时间，以色列人所遭遇的苦难非笔墨所能形容的。

耶路撒冷沦陷时，大约有一百一十万的犹太人被杀；第二次世界大战期间，又有大约六百万的犹太人为纳粹所杀。当他们被纳粹屠杀时，他们的衣服都被剥光，这叫我们想起耶稣被钉十字架的时候，衣服也都被脱光。

当然，从以色列人的角度来看，他们也可说自己受苦与把耶稣钉十字架是无关的。但从过去的历史看来，以色列的百姓都是受神保护的，若是行在神的旨意里，就兴盛；若远离神的旨意便受管教，碰到各种苦难和试炼。

因此我们知道以色列人不会无端受苦。若是把耶稣钉十字架是神所认定的事，为何神让以色列人在那么长的时间里不断地受苦呢？

耶稣的外衣、里衣和以色列人的未来

在耶稣被钉十字架的地方发生了一件事，这事乃预先暗示即将临到以色列的事，照诗篇二十二篇18节所说："他们分我的外衣，为我的里衣拈阄。"罗马的士兵把耶稣的外衣分成四部分，每一个士兵取去一块，而里衣则是用抽签的方式来决定，有一个士兵把整件里衣带走了。

这与以色列的历史有什么关联呢？因为耶稣是犹太人的王，外衣在属灵的意义上就代表神的选民，就是以色列国和祂的百姓，耶稣的外衣被分成四部分，就没有外衣的形状了，这表示以色列国要被毁灭，但外衣的布料还在，这表示以色列国可能消失，"以色列"这个名却还会存留。

罗马的士兵把耶稣的外衣分成四部分，每个人拿一部分，这是什么意义呢？表示以色列会被罗马毁灭，分散各地。这预言在耶路撒冷沦陷与以色列国被毁灭都应验了，犹太人因此被迫分散到世界各地。

关于耶稣的里衣，约翰福音十九章23节说："兵丁既然将耶稣钉在十字架上，就拿他的衣服分为四份，每兵一份；又拿他的里衣，这件里衣 原来没有缝儿，是上下一片织成的。"里衣"没有缝儿"表示这件里衣不是用许多片布缝起来的。

大部分的人很少会想到他们的衣服是怎么做成的，那么，圣经为什么要详细描述耶稣里衣的结构呢？这预表以色列将会发生一件事。

耶稣的里衣代表以色列百姓的心，就是他们服侍神的内心。里衣"没有缝儿，上下一片织成的"是表示以色列人对神的心，从他们的先祖雅各开始，这些年来并未因环境的变化而有所改变。

亚伯拉罕、以撒和雅各以后的十二个支派时期，以色列百姓一直维持单一的血统，他们不与外邦人通婚。分裂为北国以色列和南国犹大后，北国以色列与别国通婚，但南国还是维持单一种族的状态。即使在今天，犹太人仍然保持自己的本体性。

所以耶稣的外衣被分为四块，但里衣还是一样，没有改变。这表示以色列国会消失，但以色列百姓向着神的心和对神的信心是不会消灭的。

因着他们不动摇的内心，神就认定他们为祂的选民，并透过他们来完成祂的计划，直到如今也是如此。即使过了公元两千年，以色列百姓还是严格地遵守律法，这是因为他们已经承继了雅各坚定不移的内心。

于是亡国一千九百年的以色列，终于在1948年的5月14日宣告独立复国了，此消息震惊了世界。

"我必从各国收取你们，从列邦聚集你们，引导你们归回本地。"（以西结书三十六章24节）
"你们必住在我所赐给你们列祖之地。你们要作我的子民，我要作你们的神。"（以西结书三十六章28节）

照旧约预言："过了多日，你必被差派。到末后之年，你必来到脱离刀剑从列国收回之地，到以色列常久荒凉的山上。但那从列国中招聚出来的必在其上安然居住。"（以西结书三十八章8节）以色列人聚集在巴勒斯坦，重新建立了一个富足强盛的国家，以色列人再次向世人证明他们优越的民族性。

神要以色列人为主再来做预备

神要新成立的以色列国预告弥赛亚的再来，也为弥赛亚的再来做预备。大约两千年前，耶稣来到以色列地，显明了神拯救全人类的计划，祂成为人类的救主、弥赛亚。当祂升天时，应许还要再回来，现今神也要祂的选民用真实的信心等候弥赛亚的再来。

当弥赛亚耶稣基督再来的时候，不再像两千年前一样，诞生在马槽，也不会在十字架上受苦。祂将统帅天使天军，以神的荣耀让全世界上的人都看到，祂是万王之王，万主之主。

"看哪，他驾云降临，众目要看见他，连刺他的人也要看见他，地上的万族都要因他哀哭。这话是真实的。阿们！"
（启示录一章7节）

到了时候，所有的人，不论是信主、不信主的，都会看到主从空中降临。在那日，相信耶稣是全人类的救主的会被提到云里参加空中的婚宴，其他的则留在地上哀哭切齿了。

神创造了第一个人亚当，开始耕作人类，当然有开始就有结束；就像农夫播种、收成，神耕作人类也是有收成的时候，弥赛亚耶稣基督再来，就是神完成耕作人类的时候了。

耶稣在启示录二十二章7节说："看哪，我必快来。凡遵守这书上预言的有福了！"现今是末日了，神始终以祂的大爱透过历史向以色列人启示，叫他们能接受弥赛亚。不只是选民，神热切盼望全人类，在耕作人类结束时，都能接受耶稣基督。

如今基督教称为旧约《圣经》的犹太教法典

第三章

以色列人所相信的神

律法与传统

神引导祂的选民以色列离开埃及，进入所应许的迦南地的过程中，降临在西奈山，然后呼召出埃及的领袖摩西，指示他令祭司们在亲近神的时候要分别为圣，并将十诫和许多其他的律例启示于摩西。

摩西把耶和华神的话和祂的诫命、律例告诉以色列人，百姓就齐声说："耶和华所吩咐的，我们都必遵行。"（出埃及记二十四章3节下）但摩西照神的呼召在西奈山的时候，百姓就跟亚伦一起铸造金牛犊，犯了拜偶像的大罪。

既然是神的选民，他们为什么还会犯这样的大罪呢？所有的人都是因悖逆而堕落的亚当的后裔，都带着原罪出生于世，因此他们在做成心里的割礼、成圣之前只能犯罪。因此神差遣祂的独生子耶稣来到世界，透过耶稣死在十字架，就为人类开启了罪得赦免的救赎之路。

律法就是神透过摩西告诉以色列人的十诫和律例、典章，为什么神要对祂的百姓颁布律法呢？

透过律法，神引导以色列人进入流奶与蜜之地

以色列人出埃及时，神赐给他们律法，就是要他们享受祂的祝福，进入流奶与蜜的迦南地。百姓从摩西领受了律法，却未守神的约，犯了许多罪，包括拜偶像和奸淫等等，最后大多数人都在四十

年旷野生活中死去。

申命记的内容中摩西的遗嘱占据绝大部分篇幅，申命记的主要内容是有关神的约言与律法。那时除了约书亚与迦勒，出埃及第一代的以色列人都死了，摩西离开以色列人的时候也到了，摩西热切地劝出埃及第二代和第三代的以色列人要爱神，守神诫命。

> "以色列啊，现在耶和华你神向你所要的是什么呢？只要你敬畏耶和华你的神，遵行他的道，爱他，尽心尽性事奉他。遵守他的诫命、律例，就是我今日所吩咐你的，为要叫你得福。"（申命记十章12-13节）

神把律法赐给他们，就是希望他们发自内心顺从律法，藉此来确认他们是爱神的；神赐给他们律法，不是要约束或是牢笼他们，神要悦纳他们顺服的心，为他们祝福。

> "我今日所吩咐你的话都要记在心上，也要殷勤教训你的儿女，无论你坐在家里，行在路上，躺下，起来，都要谈论；也要系在手上为记号，戴在额上为经文；又要写在你房屋的门框上，并你的城门上。"（申命记六章6-9节）

透过这些经文，神要他们把律法记在心上，把律法教导人，也要实践律法。虽经过漫长的岁月，以色列人仍然记得神的律例和典章，并实践这些诫命、律例，但他们具有注重律法的外在的倾向。

律法与古人的遗传

比如：律法说要守安息日，把安息日分别为圣，他们就制定了许多细致的规矩，这些规矩成了传统之后，现今就变成安息日不可用自动门、不可用电梯或升降梯、不可打开业务书信，或装有护照、身份证等邮件等等，这些古人的遗传是怎么来的呢？

圣殿被毁之后，以色列人被掳到巴比伦，就想那是因为他们未全心全意服侍神的结果，他们认为需要更用心服侍神，在各种的情况下都应用神的律法，因此订出许多严格的规矩。

这些规矩是出于他们全心全意服侍神的意图，他们在生活各个层面订下许多严格的规矩，为的是要在日常生活中谨守遵行神的律法。

有时严格的规矩可以保护律法，但时间一久，便失去律法的真义；看重律法的形式，就远离了律法的真义。

神是看人的内心，而不是那些外表的行为；神设立律法是要找出那些真正敬畏祂的人，祝福那顺从祂的人。旧约时代有许多人遵守律法，但也有许多不遵守神律法的人。

"甚愿你们中间有一人关上殿门，免得你们徒然在我坛上烧火。万军之耶和华说：'我不喜悦你们，也不从你们手中收纳供物。'"（玛拉基书一章10节）

以色列人所相信的神

律法师和长老中伤耶稣和祂的门徒，不是因耶稣和祂的门徒不遵守神的律法，而是因他们破坏了古人的遗传，这在马太福音有很清楚的解释。

"你的门徒为什么犯古人的遗传呢？因为吃饭的时候，他们不洗手。"（马太福音十五章2节）

这时耶稣点醒他们，他们是在因着古人的遗传，触犯神的律法。当然，外表遵行神的律法也是重要的，但更重要的是能明白了解包含在律法里面的神真正的旨意。

耶稣回答他们："你们为什么因着你们的遗传，犯神的诫命呢？神说：'当孝敬父母'，又说：'咒骂父母的，必治死他。'你们倒说：'无论何人对父母说，我所当奉给你的，已经作了供献，他就可以不孝敬父母。'这就是你们藉着遗传，废了神的诫命。"（参考马太福音十五章3-6节）

接下去的经文耶稣又说："假冒为善的人哪！以赛亚指着你们说的预言是不错的。他说：'这百姓用嘴唇尊敬我，心却远离我，他们将人的吩咐当作道理教导人，所以拜我也是枉然。'"（马太福音十五章7-9节）

耶稣要群众跟随祂，对他们说："你们要听，也要明白。入口的不能污秽人，出口的乃能污秽人。"（参考马太福音十五章10-11节）

十诫中要求儿女要孝敬父母，但法利赛人教导百姓，若宣告财产要奉献给神的，便可不用奉养他们的父母。他们在生活的各个层面都订满了外邦人不敢想象的细微的规矩，并且谨守，就自以为是称职的神的选民。

以色列所相信的神

耶稣在安息日医治病人，法利赛人就控告耶稣冒犯安息日。有一天耶稣进入会堂，看到有枯干一只手的人，就叫他站在当中，质问法利赛人，为要给他们醒悟的机会："在安息日行善行恶，救命害命，哪样是可以的呢？"（参考马可福音三章4节）

"你们中间谁有一只羊，当安息日掉在坑里，不把它抓住拉上来呢？人比羊何等贵重呢！所以，在安息日作善事是可以的。"（参考马太福音十二章11-12节）

因许多的法利赛人的想法，是从古人的遗传和以自我为中心的态度来的，因此无法体会律法里面的神的旨意，亦无法认出，来世界拯救世人的耶稣。

耶稣常指出他们的问题，要他们悔改，离开恶行。耶稣责备他们，因他们忽略了神赐给律法的真正目的，他们把神的律法改变了，只拘泥于律法外表的行为。

"你们这假冒为善的文士和法利赛人有祸了！因为你们将

薄荷、茴香、芹菜献上十分之一。那律法上更重的事，就是公义、怜悯、信实，反倒不行了。这更重的是你们当行的，那也是不可不行的。"（马太福音二十三章23节）

"你们这假冒为善的文士和法利赛人有祸了！因为你们洗净杯盘的外面，里面却盛满了勒索和放荡。"（马太福音二十三章25节）

在罗马帝国统治下的以色列人认为弥赛亚是大有威荣能力，可以把他们从被欺压中拯救出来，并且统治地上的万族。

而这时，有一个木匠的儿子，祂与被弃绝的、有病的、有罪的人为伍，祂称神为"父"，并见证神就是世界的光。这些人用自己的标准遵守神的律法，称自己为义，他们因着耶稣斥责的话而扎心，便不分原由把祂钉十字架。

神要我们有爱心和宽恕的心

法利赛人严格遵守犹太教的规条，把代代相传的传统和习俗看得跟性命同样重要。他们把为罗马帝国工作的税吏当作罪人，不愿意跟他们在一起。

马太福音九章10节开始的这段经文，说到耶稣在一位名叫马太的税吏家里一同坐席，好些税吏和罪人与耶稣和祂的门徒一起吃饭。法利赛看到这种情形，就对耶稣的门徒说："你们的先生为什么和税吏并罪人一同吃饭呢？"（参考马太福音九章11节）耶稣听见了就说：凡是真心悔改、远离罪恶的人，神就以不变的慈爱和怜悯对待他们。

马太福音九章12-13节接着说："康健的人用不着医生，有病的人才用得着。经上说：'我喜爱怜恤，不喜爱祭祀。'这句话的意思，你们且去揣摩。我来本不是召义人，乃是召罪人。"

尼尼微的恶行达到天上的时候，神打算毁灭尼尼微城，但神先差派祂的先知约拿去，给他们机会悔改。当百姓禁食，彻底悔改，神就不毁灭他们，法利赛人却认为凡是违背律法的都该受审判。律法最重要的部分就是神不改变的慈爱与赦免，但法利赛人认为审判比用赦免更有道理，也更有价值。

同样地，当我们不明白神赐律法的心意，便会用自己的想法和知识来论断事情，而如此的论断不但不对，也是得罪神的。

神赐下律法的真正的目的

神创造天地和其中的万物，是为要得着效法祂的心、成圣的真正儿女，所以神告诉祂的百姓："我是耶和华你们的神，所以你们要成为圣洁，因为我是圣洁的，你们也不可在地上的爬物污秽自己。"（利未记十一章44节）神要我们敬畏祂，不仅有敬虔的外貌，也需从心里除掉罪恶，成为无可指摘的人。

耶稣时代，法利赛人最感兴趣的是献祭、守律法，而不是使自己的心成圣。神喜悦忧伤痛悔的心胜过祭物（参考诗篇五十一篇16-17节），所以祂赐下律法是为了让我们可以悔改，离弃罪恶。

旧约圣经中显明的神真正的旨意

我们不能说以色列人遵守律法时没有爱神的心，但神所要的是成圣的心，神曾透过先知以赛亚严厉地责备他们："耶和华说：'你们所献的许多祭物与我何益呢？公绵羊的燔祭和肥畜的脂油，我已经够了。公牛的血，羊羔的血，公山羊的血，我都不喜悦。你们来朝见我，谁向你们讨这些，使你们践踏我的院宇呢？你们不要再献虚浮的供物。香品是我所憎恶的；月朔和安息日，并宣召的大会，也是我所憎恶的。作罪孽，又守严肃会，我也不能容忍。'"（以赛亚书一章11-13节）

遵守律法的真谛不在外表的行为，而是里面存什么样的心，所以神不喜悦人进入圣所时，惯性、肤浅地献上各种祭物；不论他们照律法献上多少祭物，因为他们的心与神的旨意不合，神就不喜悦。

祷告也是一样，用什么方式祷告不重要，重要的是我们的心态。诗篇记录者在诗篇六十六篇18节说："我若心里注重罪孽，主必不听。"

神透过耶稣让世人知道，神不喜悦人假冒为善，或是抱着炫耀的心态祷告，神喜悦人用真诚的心祷告。

"你们祷告的时候，不可像那假冒为善的人，爱站在会堂里和十字路口上祷告，故意叫人看见。我实在告诉你们，他们已经得了他们的赏赐。你祷告的时候，要进你的内屋，关上门，祷告你在暗中的父。你父在暗中察看，必然报答你。"（马太福音六章5-6节）

悔改也是一样，并不是悔改的行为本身重要，神不要我们撕裂衣服、披麻蒙灰，而是要撕裂心肠，从心里彻底悔改，离弃罪恶，如此神才悦纳我们的悔改。

"耶和华说：'虽然如此，你们应当禁食、哭泣、悲哀，一心归向我。你们要撕裂心肠，不撕裂衣服，归向耶和华你们的神。因为他有恩典，有怜悯，不轻易发怒，有丰盛的慈爱，并且后悔不降所说的灾。'"（约珥书二章12-13节）

也就是说：神所要的是发自内心遵守律法，而不是外在的行为。这在圣经中所说的就是"心受割礼"，并非割掉阳皮，就算行了肉身的割礼，乃是要割掉心里的罪皮才算是出自内心的真割礼。

神要"内心的割礼"

内心受割礼是什么意思？表示"除掉各种罪恶，包括心中的嫉妒、忌恨、恼怒、情绪、奸淫、虚假、偷盗、论断、定罪"。从心中除掉罪恶，以圣洁的心守神的律法，完全的顺服，神必悦纳。

> "犹大人和耶路撒冷的居民哪，你们当自行割礼归耶和华，将心里的污秽除掉；恐怕我的忿怒因你们的恶行发作，如火着起，甚至无人能以熄灭。"（耶利米书四章4节）

> "所以你们要将心里的污秽除掉，不可再硬着颈项。"（申命记十章16节）

> "因为列国人都没有受割礼，以色列人心中也没有受割礼。"（耶利米书九章26节下）

> "耶和华你神必将你心里和你后裔心里的污秽除掉，好叫你尽心、尽性爱耶和华你的神，使你可以存活。"（申命记三十章6节）

旧约常要我们的心受割礼，只有心受割礼的才能全心全意的爱神。

神要祂的儿女圣洁完全，创世记十七章1节神要亚伯拉罕作"完全人"，利未记十九章2节神也要求以色列百姓要"圣洁"。

约翰福音十章35节说："经上的话是不能废的。若那些承受神道的人，尚且称为神。"彼得后书一章4节又说："因此，他已将又宝贵、又极大的应许赐给我们，叫我们既脱离世上从情欲来的败坏，就得与神的性情有份。"

旧约是新约的影儿，因行律法而得救，但新约时代因耶稣基督用爱心成全了律法，所以救恩出于因信耶稣基督。

旧约的"因行为得救"是指虽然人心里有想谋杀、恨人、犯奸淫等各种罪性，但只要没有犯罪的行为，罪名就不成立。在未赐下圣灵的旧约时代，人不能单靠自己的力量除掉内在的罪性，因此只要没有行为上的罪，就不算是罪人。

但在新约时代，就必须凭着信心，内心受割礼才能得救。圣灵让我们为罪、为义、为审判，自己责备自己，帮助我们照神的话而活，所以靠着圣灵可除掉非真理，使我们的心受割礼。

"因信得救"，这并不表示知道、相信耶稣基督是救主就能得救，重点是要爱神，除掉了心里的恶，单单遵行真理，神才承认是真正的信心。神不但引导我们得到完全的救恩，并使我们蒙得应允和祝福。

如何讨神喜悦

神的儿女当然不可有行为上的罪，应该要除掉非真理的心，效法圣洁的神。虽没有犯罪，但心中有神不喜悦的意念，就不算为义人。

马太福音五章27至28节说："你们听见有话说：'不可奸淫。'只是我告诉你们：凡看见妇女就动淫念的，这人心里已经与她犯奸淫了。"

约翰一书三章15节说："凡恨他弟兄的，就是杀人的。你们晓得凡杀人的，没有永生存在他里面。"这经文是要我们除掉心中的仇恨。

为了讨神喜悦，当如何对待你的仇敌呢？

旧约的律法说："以眼还眼，以牙还牙。"律法的意思是："他怎样叫人的身体有残疾，也要照样向他行。"（利未记二十四章20节下）这是要严格禁止人去伤害人，神也知道照人的罪性，人的报复会超过他所能承受的。

大卫是合神喜意、被神称许的人；扫罗王要杀他的时候，他未因扫罗王多次对他不利而向他报复，直到扫罗离世，大卫都以良善对待他。大卫知道律法的真谛，他照神的话去做。

"不可报仇，也不可埋怨你本国的子民，却要爱人如己。我
是耶和华。"（利未记十九章18节）

"你仇敌跌倒，你不要欢喜；他倾倒，你心不要快乐。"
（箴言二十四章17节）

"你的仇敌若饿了，就给他饭吃，若渴了，就给他水喝。"
（箴言二十五章21节）

"你们听见有话说：'当爱你的邻舍，恨你的仇敌。'只是我告诉你们：要爱你们的仇敌，为那逼迫你们的祷告。"
（马太福音五章43-44节）

照上面几处经文所说的，若自己已遵守神的律法，心中却不能饶恕得罪我的人，便不能得神的喜悦，因为神要我们爱仇敌。若守了神的律法，也有神所要的心，才可说是完全顺从神的话。

神的律法————神爱的表征

慈爱的神愿赐我们无限的祝福，但祂是公义的神，照着各人犯罪的程度，交付给魔鬼，所以有些信徒因未遵守神的话而生病，或是碰到各种灾难和事故。

神因着祂的慈爱就赐我们许多诫命，让我们可以得到保守，免受各种患难和痛苦。就如父母为了保护小孩不生病，不碰到意外，会对孩子讲什么呢？

"回家要洗手。"

"饭后要刷牙。"

"过马路要先看看前后左右。"

同样的，为了我们的好处，神本是慈爱的，要我们遵守祂的诫命和律例（参考申命记十章13节），铭记神的话，并要实践神的话，因神的话就是我们人生旅途的明灯。不论前路多么黑暗，有了灯便可安然抵达目的地。神就是光，若光与我们同在，神的儿女便能得到保守，也能得享神儿女的权柄和祝福。

神照着公义的法则，时常用火焰般的眼目保守顺从祂话语的儿女们，并应允他们一切所求的，神看着这样的儿女是何等地满足！作为神的儿女，越遵行神的话语，越改变成洁净、良善的心，以至以神的心为心，便能更深感受到神的慈爱，并能爱神更深。

因此，神的律法就像是爱的教科书，告诉这些在地上受神耕作人们如何得到祝福。神的律法不是重担，反而是保守我们，使我们不致遭到掌管全地的魔鬼撒但带来的灾难，神的律法乃要引导我们走向蒙福之路。

耶稣以爱完全了神的律法

申命记十九章19至21节叙述：在旧约时代，若是用眼睛犯罪，眼睛就要被挖出来；若是用手或脚犯罪，手或脚就要被砍掉；若是谋杀或犯奸淫，就要被石头打死。

灵界的法则就是：犯罪的结果就是死。所以神要严厉处罚那些犯了不得饶恕之罪的人，祂警告其他人不要犯同样的错误。

但慈爱的神喜悦的并非"以眼还眼，以牙还牙"这样的律法主义的信仰，因此旧约圣经中神再三强调以色列人需要受割礼，祂不要自己的百姓因律法而受苦，所以时候满足，神就差派耶稣到地上，承担所有人类的罪恶，用爱心成全神的律法。

若不是耶稣被钉在十字架上，我们的手和脚犯罪，就要被砍掉；但耶稣背起十字架，祂的手和脚被钉子刺穿，流出了宝血，为的就是要除去人们手脚所犯的罪。因着神的大爱，我们的手脚就不用被砍掉。

耶稣与慈爱的神是合一的，祂来到世界，用爱心成全律法，耶稣为遵守神的所有律法而做了榜样。

祂虽完全遵守了神的律法，但并未向那些不能遵守神律法的定罪说："若不遵守律法，是会灭亡的。"而是日以继夜地教导，叫每一个人都悔改，才能得救赎。对于事工也未曾停歇过，祂医治有疾病的、软弱的、释放被鬼附身的人。

一个犯奸淫的女人，被文士和法利赛人带到耶稣面前，在此情况下，更显明了耶稣的慈爱。约翰福音八章说文士和法利赛人把那个女人带到耶稣面前，问祂说："摩西在律法上吩咐我们，把这样的妇人用石头打死。你说该把她怎么样呢？"（5节）耶稣回答说："你们中间谁是没有罪的，谁就可以先拿石头打她。"（7节）

耶稣问这个问题，是要唤醒他们，不只是这个妇人犯罪，这些控告那妇人又想要控告耶稣的人在神面前都是罪人，所以没有人可以控告他人。百姓听到这样的话，都感到良心不安，从老到少一个接着一个走掉了，只剩下耶稣一人和那妇人仍然站在那里。

耶稣就对她说："妇人，那些人在哪里呢？没有人定你的罪吗？"（10节）她说："主啊，没有。"耶稣说："我也不定你的罪。去吧！从此不要再犯罪了。"（11节）

当那妇人被带到耶稣面前，她所犯的罪被显明出来，就很害怕，所以当耶稣赦免她的时候，可想而知会激动地流下感恩的眼泪。每当她想起这次能蒙赦免和耶稣的慈爱，便再也不敢违背律法而犯罪了，就因耶稣用爱成全了神的律法，如此之事才可能发生。

耶稣用爱成全神的律法，不只是为这个女人而已，也是为全世界所有的人。祂不惜自己的性命，以父母要救将溺毙的孩子的心态，为我们这些罪人死在十字架上。

耶稣是没有罪、没有瑕疵，是神的独生子，但背负所有人类的罪，流出祂的血和水，为罪人死在十字架上。祂被钉在十字架的时候，就是成全神最伟大的爱，也是最感人的时刻。

当我们领受祂爱的大能，便可完全遵行神的律法，也能像耶稣那样，用爱成全神的律法。

若耶稣不是用爱心成全神的律法，而是根据律法，不怜悯罪人，审判他们，定他们的罪，照圣经所说："没有义人，连一个也没有。"（罗马书三章10节下）便没有一个人可以得救。

所以，因着神的大爱，蒙神赦免的儿女，不仅要爱神并谦卑地遵行神的律法，也要爱邻舍如同自己，服侍他、并饶恕他的过犯，这才是爱神的表现。

根据律法论断人，定罪人的人

耶稣是全人类的救主，但法利赛人、文士和律法师是怎么做的呢？他们只注重外在的行为，自认为完全遵守神的律法。对那些未遵守律法的人，加以论断、定罪，不肯饶恕，然而神的旨意却是要我们成就心灵的圣洁。

神不要我们失去爱心和怜悯心，随意论断人、定人的罪；祂也不要我们苦守律法，却不能体验神的慈爱。若遵守神的律法，却不了解神的心意，也无法本着爱心行神的律法，这便于我们无益了。

> "我若有先知讲道之能，也明白各样的奥秘、各样的知识，而且有全备的信，叫我能够移山，却没有爱，我就算不得什么。我若将所有的周济穷人，又舍己身叫人焚烧，却没有爱，仍然与我无益。"（哥林多前书十三章2-3节）

神就是爱，我们本着爱行事，神就会喜悦，祝福我们。耶稣时代，法利赛人只是表面行律法，心中没有爱，所以他们也不能得什么好处。他们用律法的知识论断人，定人的罪，这使他们离神更远，结果把耶稣钉在十字架上。

了解律法中神的旨意

在旧约时代，一些大有信心的先祖，他们明白神在律法里的真意，这些包括亚伯拉罕、约瑟、摩西、大卫和以利亚。他们不但遵行神的律法，并且也殷勤做成内心的割礼，成为神真正的儿女。

耶稣成了弥赛亚，被差派到以色列人中间，要让他们认识亚伯拉罕、以撒、雅各的神，他们却认不出耶稣，那是因为他们受限于古人的遗传和律法的行为。

为了见证自己是神的儿子，耶稣行了许多神迹奇事，那是只有神的能力才可行的，但他们既未认出祂是弥赛亚，也没当祂是弥赛亚接待祂。

但良善的犹太人就不是这样，他们听到耶稣的信息就相信，看耶稣所行的神迹奇事，便知神与祂同在。约翰福音三章，有一个叫尼哥底母的，来见耶稣，问这样的问题："拉比，我们知道你是由神那里来作师傅的，因为你所行的神迹，若没有神同在，无人能行。"（约翰福音三章2节）

慈爱的神等候以色列人回转

耶稣以救主的身分来到世上，为什么大多数的犹太人认不出来呢？他们从律法的角度看，自认为是爱神、服侍神的，凡是与他们自己打造的框框不符的都不接受。

保罗遇见耶稣之前，也是自认为严格遵守神的律法和古人的遗传，很热心爱神、服侍神，因此无法接受耶稣是救主，反而逼迫祂和相信祂的人。在大马士革的路上遇见复活的主耶稣之后，他的想法完全改变，就成了主耶稣基督的使徒，从那时起，保罗为了主甚至可以牺牲生命。

这正是犹太人固有的内心，也是他们的长处，因此，神的选民以色列一旦领悟神律法的真意，会比其他国家的民族更爱神，也能全心全意地忠心服侍神。

神引导以色列百姓出埃及时，透过摩西赐给以色列人律法，告诉我们真正要做的。祂曾应许，若以色列人爱祂，他们的心愿意受割礼，照祂的旨意而活，祂就与他们同在，赐给他们意想不到的祝福。

"你和你的子孙，若尽心、尽性归向耶和华你的神，照着我今日一切所吩咐的听从他的话，那时，耶和华你的神必怜恤你，救回你这被掳的子民，耶和华你的神要回转过来，从分散你到的万民中将你招聚回来。你被赶散的人，就是在天涯的，耶和华你的神也必从那里将你招聚回来。耶和华你的神必领你进入你列祖所得的地，使你可以得着；又必善待你，使你的人数比你列祖众多。耶和华你神必将你心里和你后裔心里的污秽除掉，好叫你尽心、尽性爱耶和华你的神，使你可以存活。耶和华你的神必将这一切咒诅加在你仇敌和恨恶、逼迫你的人身上。你必归回听从耶和华的话，遵行他的一切诫命，就是我今日所吩咐你的。你若听从耶和华你神的话，谨守这律法书上所写的诫命、律例，又尽心、尽性归向耶和华你的神，他必使你手里所办的一切事，并你身所生的，牲畜所下的，地土所产的，都绰

绰有余，因为耶和华必再喜悦你，降福与你，像从前喜悦你
列祖一样。"（申命记三十章2-10节）

就如这几节经文应许的，经过几千年之后，神把分散在世界各
地的以色列人招聚起来，使他们复国，超乎在万国之上。但以色列
人未看见神在十字架上的大爱，也不知道神耕作人类的计划，他们
死守律法，注重外表的行为和古人的遗传。

慈爱的神如今也在热切盼望他们丢弃被扭曲的信仰，回传过
来，快快成为神的真正儿女。首先，必须打开他们的心门，接受神
差来作世人救主的耶稣基督，使罪得赦免。再者，必须认识神律法
的真谛，做成内心受割礼，遵守神的话，建立真信心，以致能得到完
全的拯救。

我恳切地祷告，盼望以色列人能有讨神喜悦的信心，得以恢复
神的形像，成为神真正的儿女，而享有神已应许的所有祝福，可住
在永恒天国的荣耀里。

在遗失的圣地上伊斯兰教徒们建造的金顶寺

第四章

你们要警醒听

接近世界末日的时刻

圣经清楚地说明了人类历史的开始和结束，神透过圣经告诉我们几千年来如何耕作人类的历史：人类的历史是由第一个人亚当开始，到主空中再临时即结束。

就神耕作人类历史的时钟来看，现在究竟是在什么时间点？离耕作人类历史结束的时候，还有多少时间呢？让我们仔细研究一下，慈爱的神如何计划让以色列人走上救恩之路。

人类历史——实现圣经预言

圣经中很多预言，都是造物主全能神的话，以赛亚书五十五章11节说："我口所出的话也必如此，决不徒然返回，却要成就我所喜悦的，在我发他去成就的事上（"发他去成就"或作"所命定"）必然亨通。"神的话直到如今都很准确地应验了，而尚未成就的也都会应验。

以色列的历史显然分毫不差错地应验了经文的预言，以色列的历史显然按照圣经的预言进行着，例如：以色列人在埃及为奴四百年，而后出埃及；进入迦南流奶与蜜之地；后分裂为北以色列和南犹大，两国最后均灭亡；被掳到巴比伦，又从巴比伦归回；弥赛亚诞生，弥赛亚被钉十字架；以色列人分散到各国，直到以色列独立复国。

以色列的历史在全能神的掌管之下，以后将完成的要事，都会事先告诉属神的人（参考阿摩司三章7节）；如挪亚是个当代的义人，神事先告诉他有大洪水会来毁灭这个世界；神告诉亚伯拉罕所多玛和蛾摩拉将被毁灭；神也让但以理和使徒约翰知道末日将发生的事。

这些预言都记在圣经里，也都一一准确应验了，尚未应验的是主再来和再来之前会发生的事。

末世的征兆

无论我们怎样说现今是末世，情况如何危急，许多人仍是不相信；他们不但不接受，反而认为说现在是末世的人，故意说些危言耸听的话，他们不想听；而认为太阳仍会升起、落下，人还是会出生、死亡，过去文明如何，未来也照样继续发展下去。

关于末世，圣经是这样说的："第一要紧的，该知道在末世必有好讥诮的人，随从自己的私欲出来讥诮说：'主要降临的应许在哪里呢？因为从列祖睡了以来，万物与起初创造的时候仍是一样。'"（彼得后书三章3-4节）

人有生就有死，同理，人类的历史一样有开始就有结束。当神所定的时间一到，世上的所有事物都会结束。

> "那时，保佑你本国之民的天使长（原文作"大君"）米迦勒必站起来，并且有大艰难，从有国以来直到此时，没有这样的。你本国的民中，凡名录在册上的，必得拯救。睡在

尘埃中的，必有多人复醒。其中有得永生的，有受羞辱、永远被憎恶的。智慧人必发光，如同天上的光；那使多人归义的，必发光如星，直到永永远远。但以理啊，你要隐藏这话，封闭这书，直到末时。必有多人来往奔跑（或作"切心研究"），知识就必增长。"（但以理书十二章1-4节）

神透过但以理预言关乎末世会发生的事，有些人说但以理所预言的都已经应验了，其实这个预言将会在人类历史的最后时刻得到应验，这与新约所讲的末日预言完全是一致的。

但以理的预言讲的是主再来的事，十二章第1节说："并且有大艰难，从有国以来直到此时，没有这样的。你本国的民中，凡名录在册上的，必得拯救。"这讲的是末日会发生的七年大灾难及救恩。

第四节下半节说："必有多人来往奔跑（或作：切心研究），知识就必增长。"讲的是我们现在的事。总之，但以理所预言的不是主后70年以色列被灭的事，而是末日的征兆。

耶稣曾仔细地跟门徒讲末日的征兆，马太福音二十四章说：

"你们也要听见打仗和打仗的风声，总不要惊慌，因为这些事是必须有的，只是末期还没有到。民要攻打民，国要攻打国，多处必有饥荒、地震。这都是灾难的起头。（"灾难"原文作"生产之难"）那时，人要把你们陷在患难里，也要杀害你们；你们又要为我的名被万民恨恶。那时，必有许多人跌倒，也要彼此陷害，彼此恨恶，且有好些假先知起来，迷惑多人。只因不法的事增多，许多人的爱心才渐渐冷淡了。"（马太福音二十四章6-12节）

现今是处在什么样的光景呢？我们听到打仗和打仗的风声，恐怖主义也越来越猖獗；国攻打国，民攻打民；多处有饥荒和地震，遍满全世界，罪恶横行，以致人的爱心变冷淡了。

提摩太后书也记载同样的事。

"你该知道，末世必有危险的日子来到。因为那时人要专顾自己、贪爱钱财、自夸、狂傲、谤讟、违背父母、忘恩负义、心不圣洁、无亲情、不解怨、好说谗言、不能自约、性情凶暴、不爱良善、卖主卖友、任意妄为、自高自大、爱宴乐、不爱神。有敬虔的外貌，却背了敬虔的实意。这等人你要躲开。"（提摩太后书三章1-5节）

现代的人不爱良善的事，却喜爱金钱和享乐；他们求自己的益处，未经思考，即丧尽天良地犯下许多可怕的罪，包括谋杀纵火。看到太多这样的事就发生在我们身边，以致人心麻木、而见怪不怪，不得不说人类的历史已快走到了终点。

甚至以色列的历史也显出主再来的征兆，由此可知道世界的确已走到了终点。

马太福音二十四章32至33节说："你们可以从无花果树学个比方：当树枝发嫩长叶的时候，你们就知道夏天近了。这样，你们看见这一切的事，也该知道人子近了，正在门口了。"

这里的"无花果树"指的是以色列，这种树冬天像死了一样，但春天一来，就会长出新芽、新枝和新叶。同样的，虽然以色列在主后70年灭亡近两千年之久，看似已经完全灭亡了，但神的时候一到，以色列即宣告复国，成为一个独立的国家。

更重要的是，以色列独立乃表示主再来的日子近了。因此，以色列必须认清，他们还在等待的弥赛亚就是两千年前来到世界，成为全人类的救主耶稣，他们也须记得，救主耶稣最终将以审判者的身分再回到这个世界。

那么，按圣经的预言，我们这些活在末世的人，究竟会遭遇什么样的事呢？

主空中再临与被提

大约两千年前，耶稣被钉十字架，第三天复活，打破了死亡的权势，之后祂被接到天上，那时有许多人在场，亲眼看见祂升天。

"加利利人哪，你们为什么站着望天呢？这离开你们被接升天的耶稣，你们见祂怎样往天上去，祂还要怎样来。"

（使徒行传一章11节）

因着主耶稣被钉死在十字架，复活，为人类开启了救恩之路；之后祂被接升天，坐在父神宝座的右边，为得救的人预备住处；当人类的历史结束，祂还会再来接我们回到祂那里。主再临的情形写在帖撒罗尼迦前书四章16-17节：

> "因为主必亲自从天降临，有呼叫的声音和天使长的声音，又有神的号吹响，那在基督里死了的人必先复活。以后我们这活着还存留的人必和他们一同被提到云里，在空中与主相遇。这样，我们就要和主永远同在。"

主带着无数的天使天军，在荣耀中驾云而来，这是何等壮观的一幕！那些已蒙拯救的人皆忽然变化，变成灵性的身体，被提到空中，与主相见，与我们永远的新郎同庆七年的婚宴。

已蒙拯救的人被提到空中与主相见，这就是"被提"。这里所谓"空中"指的是第二层天的空间，神在这里预备七年的婚宴。

神把灵界分成几个空间，其中一个就是第二层天。第二层天又分成两个区域，也就是光明的伊甸和众邪灵的居所——黑暗的领域，婚宴就是在神所预备的伊甸的一个空间举行。

在这个罪恶的世界，凡为蒙救恩凭信心努力做成新妇装扮的圣徒，都能在空中与新娘——主耶稣相见，享受七年的婚宴。

> "我们要欢喜快乐，将荣耀归给他。因为羔羊婚娶的时候到

了，新妇也自己预备好了。就蒙恩得穿光明洁白的细麻衣，这细麻衣就是圣徒所行的义。天使吩咐我说：'你要写上，凡被请赴羔羊之婚筵的有福了！'又对我说：'这是神真实的话。'"（启示录十九章7-9节）

凭着信心胜过这世界的，他们就会被提到空中，在七年的婚宴中得到安慰；没有被提的人会因邪灵的缘故，在大灾难中遭遇难以形容的苦难，这些邪灵则是主在空中再临的时候被赶逐到地上的。

七年大灾难降在未被提的人身上

得救的人在空中享受七年婚宴，想像未来天国永恒、快乐的日子。而在地上，自有人类历史以来，前所未见的可怕灾难，也正遍布整个世界。

那么，七年大灾难是如何开始的呢？因为我们的主空中再临，许多人会在瞬间被提，留在地上的人发现他们的亲人、朋友、邻居突然不见了，将非常慌张，到处寻找他们。

很快地他们会发现，基督徒所说的事的确发生了；他们想到七年的大灾难将要发生在他们自己身上，就非常害怕，也非常焦虑、恐慌。当飞机、船只、火车、轿车等交通工具上的驾驶人有些被提到空中时，就会发生许多交通事故，也会引起火灾，有些建筑物倒塌，整个世界将一片混乱，失去秩序。

这时候会出现一个恢复秩序的人，就是欧盟的统治者。此人会将政治、经济和军事组织整合起来，当这些力量集中起来便能使世界恢复秩序，带来和平，让社会先稳定下来，许多人因他出现在这世界的舞台而感到欢欣鼓舞；更有些人狂热地崇拜他，忠心地支持他，并主动帮助他。

他就是圣经中提到敌基督，他虽然带来七年的大灾难，但有些时候也扮演成"和平的使者"；敌基督在七年大灾难刚开始时，的确给百姓带来了秩序与和平，而用来使世界和平的工具就是兽的印记，也就是圣经所记载的"666"。

> "他又叫众人，无论大小贫富，自主的、为奴的，都在右手上或在额上受一个印记。除了那受印记、有了兽名或有兽名数目的，都不得作买卖。在这里有智慧。凡有聪明的，可以算计兽的数目，因为这是人的数目，它的数目是六百六十六。"（启示录十三章16-18节）

兽的印记"666"是什么意思？

"兽"指的就是电脑，欧盟藉着电脑设立他们的组织；电脑给每个人一个条码，这个条码可能在右手或是前额，这个条码就是兽的印记。每个人的各种资料都在这个条码里面，这个条码会被植入人的身体，因着植入身体的条码，欧盟的电脑便能监督、调查、控制每一个人，人们日常生活的一举一动都在他们的掌控之中。

我们现今的信用卡和身份证都会被兽的印记"666"所取代，

那时人就不再需要现金和支票了，不用怕财产损失或是金钱被抢。这个优点使得兽的印记"666"在很短的时间内传遍到世界各地，从此没有兽印记的人便无法被辨识出来，他们就不能做买卖。

从七年大灾难开始，百姓就会接受兽的印记，但他们不是被强迫接受的。在欧盟的组织壮大坚固之前，只是建议要植入兽的印记。七年大灾难过了一半，等欧盟组织稳定之后，便强迫每个人都要有兽的印记，拒绝的人就是犯法。这么一来，欧盟藉着兽的印记控制每一个人，使他们非得就范不可。

最后，历经七年大灾难还存留下来的人，就落在敌基督与兽的政府掌控中。因为敌基督是由仇敌魔鬼撒但所控制，欧盟逼迫百姓起来敌挡神，逼他们走魔鬼的道路，使他们多行不义、犯罪，以致走向灭亡。

另者，这时候有些人不愿降伏在敌基督的统治之下，然而他们是相信耶稣基督却未有真正信心的，以致主再来的时候未被提。

有些人曾接受过主，活在神的恩典里，之后失去恩典，又回头追求世界；有些虽宣称自己相信耶稣基督，却落在世俗的享乐里，未有属灵的信心；还有的是信主耶稣基督，或从属灵的昏睡里渐渐苏醒过来的以色列民，这些都没有被提。

当他们亲眼看见有人被提了，他们就知道旧约和新约所讲的都是真的，便十分懊悔，因而产生敬畏的心，为没有照神的旨意而活后悔不已，并想尽办法再得到救恩。

"又有第三位天使接着他们，大声说：'若有人拜兽和兽像，在额上或在手上受了印记，这人也必喝神大怒的酒，此酒斟在神忿怒的杯中纯一不杂。他要在圣天使和羔羊面前，在火与硫磺之中受痛苦。他受痛苦的烟往上冒，直到永永远远。那些拜兽和兽像，受它名之印记的，昼夜不得安宁。'圣徒的忍耐就在此，他们是守神诫命和耶稣真道的。"（启示录十四章9-12节）

若接受了兽的印记，会被迫顺从敌基督，所以圣经强调身上有兽印记的人不能得救。知道这个事实的，在大灾难中会以拒绝兽的印记来表明他的信心。

敌基督的真相会被显露出来，那些反对他政策的，不接受印记的，都会以破坏社会安宁的名义，受到排挤，把他们当作社会的害群之马；逼迫他们否认耶稣基督，接受兽的印记，若反抗，就会遭到严厉的迫害，甚至殉道。

未接受兽印记的人，要殉道才能得救

在七年大灾难期间，不接受兽印记的人，所受的迫害是难以想象的。因所受的逼迫叫人无法忍受，只有极少数人能胜过，得到最后得救的机会。有些人会说："我不是放弃对主的信仰，在我心里面还是相信主的，但逼迫这么厉害，口头上只能否认主。神会赦免、拯救我。"然后接受兽的印记，然而他们并不会因此得救。

几年前我祷告的时候，神在异象中让我看到，那些在大灾难中，拒绝接受兽印记的人会遇到被逼迫的事，实在是惨不忍睹。如剥人的皮，把人的全身关节都打碎，手指、脚指、手臂和脚砍掉，用滚烫的油淋到人身上等。

二次大战时，曾有过恐怖残忍的拷打和屠杀，甚至把人当作活体实验的对象，但这些拷打和残害都还不能与七年大灾难相比。在被提之后，与仇敌魔鬼合而为一的敌基督将掌管这个世界，毫无同情心或怜悯之心。

仇敌魔鬼和敌基督以权势逼迫百姓否认基督，好叫他们都去到地狱。折磨相信主耶稣的人，并非立刻杀死他们，而以至今开发的所有残酷的拷打技法和尖端装备来折磨他们，在让他们感到极度恐慌和痛苦的同时，使他们求生不得，求死不能。被折磨的人都希望很快被判处死刑，但死不了，因为敌基督不愿轻易地杀掉他们，而他们也知道自杀的话则不能得救。

在异象中，我看到大多数的人都无法忍受折磨，而向敌基督屈服了。虽一段时间还可以坚强的意志胜过，但看到儿女或父母受折磨，他们就不再坚持，而向敌基督投降，愿接受兽的印记。

受折磨的人中也有不少是内心正直，真诚的，便能胜过敌基督可怕的逼迫和诡计多端的诱惑，最后殉道而死。因此，能在大灾难中以殉道持守自己信仰的人，便能进入救恩的行列。

在即将来临的灾难中的得救之道

二次大战爆发时，平安住在德国的犹太人，无论如何也想不到他们会被恐怖地屠杀了六百万。无人知道，也没有人能预测，让他们平安度日的德国人，却在短短的时间里竟发生如此可怕的转变。

当时，因犹太人不知道将会发生如此残酷的事，并未采取行动逃避这样的灾难。然而神希望祂的选民能逃避即将来临的灾祸，因此圣经才详细描述世界末日的景况，使属神的人，事先警告以色列人即将来临的灾难，而唤醒他们。

以色列人最该知道的是末世七年大灾难是无可逃避的，不但不能逃避，整个大灾难对以色列人的影响最大。希望他们能明白，若不准备，大灾难如贼那样地来到，若想逃避这可怕的灾难，就要从属灵的昏睡里醒过来。

现在就是以色列人该苏醒的时候了！他们要为没认出弥赛亚，未接受全人类的救主耶稣而悔改。神要的是真正的信心，好叫他们在主再来时可以欢欢喜喜地被提。

盼望你们务必记住，敌基督出现时就像和平的使者，像二次大战之前的德国一样；看似给人带来和平，安慰人心，但旋即将完全超乎想象，敌基督变成一股强大的力量，这股力量现今正不断持续地增长，将会给人类带来难以想象的痛苦和灾难。

十根脚指

圣经论到许多未来将要发生的事，若以旧约圣经大先知的预言为例，就可发现这些预言不只讲到以色列的未来，也讲到世界未来会发生的事。为何如此呢？乃因神的选民以色列他的过去、现在和未来都是人类历史最重要的关键。

但以理预言里的可怕的大像

但以理书不只预先讲到以色列的未来，也讲到与以色列结局有关的世界末日之事。但以理得到神的启示，但以理书二章31-32节解释了尼布甲尼撒王的梦，内容就是世界末日将会发生的事。

> "王啊，你梦见一个大像，这像甚高，极其光耀，站在你面前，形状甚是可怕。这像的头是精金的，胸膛和膀臂是银的，肚腹和腰是铜的，腿是铁的，脚是半铁半泥的。"（但以理书二章31-32节）

末日将会发生什么样的事？

尼布甲尼撒王看到的"一个大像"就是欧盟。现今的世界被两股力量操控着，就是美国与欧盟，当然中国和俄罗斯的力量也不容忽视，但美国与欧盟仍是世界经济和军事最有影响力的强权。

现今的欧盟看似不强，但它的力量会不断增强，这是不可否认的事实。目前美国仍是世界惟一的超强国家，但不久欧盟会逐渐超越美国。

几十年前似乎没有人相信欧洲国家会结盟成为一个政府体系。虽然，欧洲各国研议组成欧洲联盟已有好长一段时间，但没有人肯定他们可超越国界、语言、货币和各种阻隔，组成一个统一的共同体。

然而自1980年代开始，欧洲国家的领导人就以经济为讨论的议题。在冷战时期，世界最主要的力量是军事，但冷战结束后，这股力量就由军事转化为经济了。

为了这个原故，欧洲国家组成一个军事与经济联盟。如今努力的目标就是政治的统一，让不同的国家组成一个政府，他们正朝这个目标迈进。

但以理书二章31节说："王啊，你梦见一个大像，这像甚高，极其光耀，站在你面前，形状甚是可怕。"这所说的正是欧盟的成长和活力，因此可预知今后欧盟将会如何的强而有力。

欧盟有超强的力量

欧盟有什么力量呢？但以理书二章32节开始解释构成这个像的头、胸、臂、腹、腰、腿、脚。

32节说："这像的头是精金的。"这表示欧盟的经济将逐渐改善，透过财富的累积掌握经济的实力；如预言所说的，欧盟藉由经济的统一将得到许多益处。

同一节又说："胸膛和膀臂是银的。"表示欧盟将在政治、社会、文化上统一；当欧盟选出一位总统时，表面上是通过政治的统一，社会和文化方面也取得统一。但在这种统一的背景里，却始终蕴藏着每个成员国个别寻求自己经济利益的终究目的。

接着是"腹部和腰是铜的"，这表示加入欧盟完成军事统一，每个欧盟的国家都希望拥有经济的力量，而军事的统一基本上也是为了得着经济的利益，经济利益是最终的目的。为了透过经济的力量控制世界，他们别无选择，只能在政治、军事、社会、文化各方面均趋于统一。

最后说"腿是铁的"，这指的是欧盟另一个稳定的根基，乃是透过宗教联合，使欧盟可更加稳固有力，得到更多的支持。早期，欧盟以罗马天主教为国教，罗马天主教也因此得到力量，成为强化欧盟的机制。

十跟脚指的属灵意义

欧盟成功地统一了许多国家的政治、经济、社会、文化、军事，也有其宗教的影响力，即炫耀它的统一与能力，但之后又逐渐会出现分裂，无法整合的现象。

欧盟早期因彼此的经济利益而有所让步，但时间久了就因社会、文化、政治和意识形态的差异而产生不和，导致之后的分裂。最后因宗教的冲突就更显明出来，也就是罗马天主教和基督教的冲突。

但以理书二章33节说："脚是半铁半泥的。"这里说十支脚指有铁的、有泥的；十支脚指不是指欧盟的十个国家，而是表示五个有代表性的强国信奉罗马天主教，五个有代表性的国家信奉基督教。

就如同铁和泥不能混在一起，不能结合在一起，欧盟内部共存以罗马天主教为主的国家和以基督教为主的国家，它们之间又存在主导和隶属的关系，便无法彼此融合。

欧盟不和之兆逐渐增强之后，他们认为为了维持欧盟政权，必须使各成员国集结在一个宗教体系之下，而罗马天主教在许多地方得到更多支持力量。

因此，为了经济的利益，在末日欧盟具有巨大的影响力。之后欧盟随着天主教集结力的增强，逐渐成为一个如同偶像般的存在。

偶像是百姓崇拜和尊敬的对象，从这个角度看来，欧盟将以强权领导这个世界，就像一个大有能力的偶像统治这个世界。

第三次世界大战和欧盟

前面已说过，世界末日时，我们的主降临在空中，无数的人同时被提到空中，地上一片混乱。欧盟以维持世界和平、秩序为名，取得统治这个世界的权力，但之后欧盟开始敌挡主，在七年大灾难里成为领袖。

欧盟各成员，之后为了个别的利益而分裂，这样的事将发生在七年大灾难这段期间。照但以理十二章的预言看来，以色列历史和世界历史的趋势，将决定七年大灾难开始的时间。

七年大灾难开始之后，欧盟取得了主导的权势，他们会选出一名欧盟的总统。选总统的时间就在主再来降临在空中之后，主再来时凡相信耶稣的，有权柄作神儿女的将忽然变成灵性的身体，被提到空中。

大多数犹太人并未接受耶稣为他们的救主，因此他们仍留在地上，在七年大灾难中受苦。七年大灾难是极恐怖、又悲惨的事，真是难以笔墨形容：地球上满了令人心痛的事，这些事包括战争、杀戮、饥荒、疾病、灾难，悲惨的程度远超过以往的任何时代。

七年大灾难将从以色列与中东国家的一场战争开始，以色列与其他中东国家长久以来处于紧张的状态，各种纠纷从未停止过，往后之间的纠纷将更趋严重；因世界强国围绕石油能源的利益斗争，以及世界列强围绕国际地位和自尊心的对决而引爆严重的战争，双方都为得到权力及国际的利益而争执不休。

美国一向是以色列的盟国，长久以来都支持以色列。而欧盟、中国、俄罗斯，则与美国是敌对的状态，而后与中东国家结盟，因此爆发第三次世界大战。

就规模来说：第三次世界大战与第二次世界大战是完全不同的，第二次世界大战死了五千万人。如今的武器有核子弹、生化武器、还有其它各种尖端武器，是第二次世界大战所无法比拟的，若使用这些武器的后果将是非常凄惨恐怖。

到了那时，已研究出来的核武器，以及所有尖端武器都将派上用场，结果就是难以估计的破坏和杀戮。卷入战争的国家被彻底地破坏，化为焦土。随之而来的核爆炸之后的辐射污染、气象异变等，不仅会使战争当事国，就连整个地球都变成人间地狱。

在战争期间他们也会停止用核武器攻击，因为若继续用核子弹，所有人类的生存都会受到威胁，但仍有其它的武器和大量的军队投入升高的战事，站在战争前沿的美国、中国和俄罗斯都将落到几乎难以复原的地步。

世界大多数的国家均濒临崩溃，但欧盟躲过最严重的伤害。欧盟答应中国和俄罗斯要援助他们，但并未积极全面投入战事，因此损失不像别的国家那么惨烈。

包括美国在内，世界许多的强权都在史无前例的战争中，遭到严重的损失而失去力量。欧盟将成为独一的、绝对的强国，统治这个世界。起先欧盟只观察战事的进展，当其他国家经济和军事都遭到彻底破坏时，欧盟就起来解决战争的问题。而其他国家别无选择，因已失去复苏的力量，只好顺服欧盟的领导。

从这时开始，是七年大灾难的下半段；在剩下的三年半，欧盟的统治者敌基督将控制全世界，将自己神性化，并不折手段地残害，逼迫反对他的人。

显露敌基督本来的面目

欧盟为了随心所欲地牵制战争受害国——中国、俄罗斯，承诺给他们提供作为恢复重建的经济援助。而且针对因处在三战中心而遭到沉重打击的以色列，欧盟应允要为他们盖圣殿，这是以色列长久以来的盼望。因为欧盟的安抚，以色列梦想如同过去一样蒙神祝福，重享荣光，因此亦与欧盟结盟。

因着敌基督的支助，欧盟的总统成为了以色列的救星。漫长的中东战役看似要结束了，他们找回了失去已久的圣地，并在那里重建神的圣殿，便相信那就是他们长久等待的弥赛亚，他们的王终于出现了，可以完全地恢复以色列，使他们得到荣耀。

但他们的期待和喜乐很快就落空，在耶路撒冷建好圣殿之后，竟然发生了意想不到的事，这件事在但以理书里早已预言过了。

"一七之内，他必与许多人坚定盟约；一七之半，他必使祭祀与供献止息。那行毁坏可憎的（或作'使地荒凉的'）如飞而来，并且有忿怒倾在那行毁坏的身上（或作'倾在那荒凉之地'），直到所定的结局。"（但以理书九章27节）

"他必兴兵，这兵必亵渎圣地，就是保障。除掉常献的燔祭，设立那行毁坏可憎的。"（但以理书十一章31节）

"从除掉常献的燔祭，并设立那行毁坏可憎之物的时候，必有一千二百九十日。"（但以理十二章11节）

这三处圣经指的是同一件事。就是在末世将发生的事，耶稣曾这样说到这一件事："你们看见先知但以理所说的'那行毁坏可憎

的'站在圣地（读这经的人须要会意）。那时，在犹太的，应当逃到山上。"（马太福音二十四章15-16节）

起先犹太人相信欧盟，因欧盟帮他们在圣地重建了他们认为神圣的圣殿。但那可憎的站在圣地之后，他们非常震惊，知道自己信错了，才发现他们所弃绝的耶稣基督才是他们的弥赛亚，是全人类的救主。

因此现在正是以色列要苏醒的时候，否则到了那时他们也不会明白。以色列虽知道但太迟，以无可挽回了。

所以我殷切盼望以色列人能苏醒，勿落入敌基督的试探，而接受兽的印记。若被那些谎言迷惑，相信敌基督所言的和平、繁荣，而接受兽的印记"666"，即落入永劫不复的沉沦与灭亡中。

可悲的是，犹太人惟有照但以理所预言的，认清兽的真面目，才知道他们的信仰是错的。透过本书，希望犹太人能接受神已差来的弥赛亚，免受七年大灾难之苦。

照前面所讲的，必须接受全人类的救主耶稣基督，拥有神所认定的信仰，这是逃避七年大灾难的惟一方法。

当主再来时，若不能被提而留在地上，那是何等悲惨的事！

虽然还有一次最后得救的机会。我衷心劝说要快快地接受耶稣基督，与弟兄姊妹在主里交通分享。现在透过本书知道圣经里的这些事都不算太迟，并能在大灾难中知道如何持守信仰，找到神所预备最后得救的机会。

神不改变的爱

神已透过耶稣基督完成了救赎的旨意，不论是哪一国、哪一族，只要接受耶稣基督作救主，顺服神的旨意，就能成为神的儿女，享受永生福乐。

但神的选民以色列百姓是怎样的情况呢？直到如今仍有许多人未接受耶稣基督，远离救恩之路。当主耶稣在空中降临、再来的时候，所有得救的人被提到空中，以色列人若还是不明白救恩之路，那时何等可悲的事！

神的选民有什么样的结局呢？被排除在救恩之外吗？慈爱的神在人类最后的历史，对以色列人有奇妙的计划。

> "神非人，必不致说谎；也非人子，必不致后悔。祂说话岂不照着行呢？祂发言岂不要成就呢？"（民数记二十三章19节）

神在末世对以色列有什么样的计划呢？神为了使他们藉着承认他们钉十字架的耶稣就是他们的弥赛亚，而在神面前悔改，便立定了一个计划乃是"捡穗子的拯救"。

捡穗子的拯救

落在七年大灾难的人们当中，那些已看到许多人被提到空中，并相信天堂和地狱是真实的，神是又真又活的，耶稣基督是惟一救主的人们，就不肯接受兽的印记。他们借着被提事件，得到变化，恒心聚会，读经，敬拜神，并努力照神的话生活。

大灾难早期，许多人仍可过着信仰的生活，甚至传福音，因那时还未有组织性的逼迫。他们不接受兽的印记，因知道有那种印记的人不能接受救恩，即使在大灾难他们也希望能过着正确的信仰生活，以求得到救恩，但要持守信仰是极为困难的，因为那时圣灵已收回，不在世上了。

到时许多人会流着泪，因为没有人带领他们敬拜神，或在信仰上帮助他们得造就；他们要在得不到神的保护，看不到神的能力下，持守自己的信仰。他们会很艰难、并懊悔着，因为曾有人劝他们要接受耶稣基督，过信仰生活，他们却未能做到。他们在各种试炼下持守了信仰，然而在世上已很难再找到神的真道。

有些人躲到深山里，为的是不肯接受兽的印记——"666"。没有兽的印记就不能做买卖，无法买到食物，只好找树根，杀动物来吃。在七年大灾难的后三年半，敌基督的军队严密地追捕相信耶稣的人，无论住在什么偏远的地方，都将被敌基督的军队发现逮捕。

兽的政府抓到没有兽印记的人，就对他们进行残忍的拷打，强逼他们否认主，并接受兽的印记。而他们因为太痛苦，又非常害怕，于是许多人屈服了，接受了兽的印记。

军队把他们赤裸地挂在墙上，用锥子刺穿他们的身体，将他们的皮从头到脚剥下来，在他们面前折磨他们的孩子。因为这些军人极度残酷，使他们很难殉道。

因此只有少数人有坚定的意志力，能超越人类的极限，度过这些折磨，最后殉道得救，得进入天国。所以在大灾难里，在敌基督的控制下，有些人牺牲了性命，未出卖主，保住了信仰，这就称为"捡穗子的拯救"。

神会为祂的选民以色列安排捡穗子的拯救，这当中有极深的奥秘——将会出现两个见证人，以及避难之地——佩特拉(Petra)古城。

两个见证人的出现和他们的事工

启示录十一章3节说："我要使我那两个见证人，穿着毛衣，传道一千二百六十天。"这两个见证人是神在创世以前即命定要来拯救祂的选民以色列的，他们要在以色列向犹太人见证耶稣基督就是所预言惟一的弥赛亚。

神已经告诉我两个见证人的事。神跟我说他们不是很老，并且他们心地正直，也行在义路上。神让我知道其中一个见证人的信仰告白，他的告白说自己从小信仰犹太教，但他听到许多人接受耶稣基督作救主，有谈论关于耶稣基督的事。于是他向神祷告，求祂帮助分辨哪一种说法才对，他这样祷告：

"神啊！

我的心为何如此忧闷呢？

从我年幼至今，

我确信父母所说都是真的，
但现在我的心却被一些问题所困扰。
许多人都提到有关弥赛亚的事。

若有人能举出可靠的证据为我解答，
究竟我该相信哪种说法？
是相信他们所言，还是相信自小父母所说的，
我将无比喜乐，也会非常感恩。

但我眼前看不到任何明证，
若要随从一些人的说法，
就得把我过去所听到的
都当成是毫无意义虚谎的话。
究竟在你眼中，什么才是正确的呢？

父神啊！
若你愿意，
请为我找到一个人，
可以提出确切的说词，让我明瞭一切，
求你让他能来到我面前指教我
什么才是事实？什么才是真相？

当我抬头仰望天，

我的心是如此烦闷，

若有人能解答我的问题，

父神啊! 就请让他来见我吧!

我仔细地思量过，

我不愿出卖我心中所信的。

若有人可以教导我，

就让我明瞭，

若能指教我何为事实，

就不算违背了过去我所学, 所听到的。

父神啊!

求你让我明瞭这一切吧。

让我明瞭这一切。

因为直到如今我深信过去所听到的都是真的。

我反覆地思索，

然而我的疑惑无法解开, 我的饥渴不能饱足;

为何如此令我困惑?

若我能看到明证，

确认是真的，

就让我明瞭

并非我背叛过去所行的，

而是让我看见所谓的真理，

让我看清事实真相，

我的心才能真正得到安息。"

　　两个见证人是犹太人，他们正在寻求纯粹的真理，神就差派人回答他们。透过那位神人，他们将明白神耕作人类的计划，并接受耶稣基督。七年大灾难期间他们会留在地上向以色列人传道，好叫他们悔改，得着救恩；他们将从神领受特别的能力，而向以色列人见证耶稣是基督是弥赛亚。

　　他们在神眼中是完全成圣的，像启示录十一章2节讲的，他们传道四十二个月。两个见证人是以色列人，那时因为福音的起头和结束都是在以色列人身上。使徒保罗把福音传向了世界，以色列是个起头，若福音在再传回以色列时，福音的事工就完成了。

　　耶稣在使徒行传一章八节说："但圣灵降临在你们身上，你们就必得着能力；并要在耶路撒冷、犹太全地和撒玛利亚，直到地极，作我的见证。"在这里"地极"指的就是以色列，是福音的终点站。

　　两个见证人用神给他们如火的大能，向犹太人传十字架之道的信息，并且解释得着救恩的方法。他们用神迹奇事证明所传的道，他们能随心所欲地使天在他们传道的那段日子闭塞不下雨，可以使水变血，可以叫地上有瘟疫。

因为这样就会有许多以色列百姓归向主，但也有丧尽天良的，想要杀这两个见证人。不只以色列人，在敌基督的管理之下，也有许多恶人恨恶这两个见证人，想要杀害他们。

两个见证人殉道、复活

两个见证人有极大的能力，因此没有人敢伤害他们，最后国家当权者也会加入杀害他们的行列。但两个见证人之所以被杀，不是因为当权者有这样的能力，而是神定意要他们在特定的时间殉道。他们殉道的地方正是耶稣被钉十字架的地方，可以推测这跟主耶稣的复活有关。

耶稣被钉十字架的时候，罗马的士兵守着祂的身体，防备人把祂的身体带走。但祂的身体后来不见了，因为祂复活了。杀害两个见证人的记得这件事，很担心他们的身体会被人取走，所以不要把他们的尸体埋在坟墓里，而是丢在大街上，如此一来所有人都可以看着他们的尸体。看到如此情况，是那些丧尽天良，不听两个见证人所传的人必欢欣鼓舞。

全世界都为此欢喜庆祝，传播媒体将他们被杀的消息透过卫星广传到全世界，报导这样的消息连续三天半之久。三天半之后，两个见证人就复活了。像以利亚在旋风中被提到空中，他们驾着荣光的云彩，被提到空中。这令人震惊的一幕被传播到全世界各地，许多人也都亲眼目睹。

在那时刻将发生大地震，十分之一的城市都倒塌，七千人死亡。启示录十一章3-13节仔细描述了这件事：

"我要使我那两个见证人，穿着毛衣，传道一千二百六十天。他们就是那两棵橄榄树，两个灯台，立在世界之主面前的。若有人想要害他们，就有火从他们口中出来，烧灭仇敌；凡想要害他们的，都必这样被杀。这二人有权柄，在他们传道的日子叫天闭塞不下雨；又有权柄叫水变为血。并且能随时随意用各样的灾殃攻击世界。他们作完见证的时候，那从无底坑里上来的兽必与他们交战，并且得胜，把他们杀了。他们的尸首就倒在大城里的街上。这城按着灵意叫所多玛，又叫埃及，就是他们的主钉十字架之处。从各民、各族、各方、各国中，有人观看他们的尸首三天半，又不许把尸首放在坟墓里。住在地上的人就为他们欢喜快乐，互相馈送礼物。因这两位先知曾叫住在地上的人受痛苦。过了这三天半，有生气从神那里进入他们里面，他们就站起来。看见他们的人甚是害怕。两位先知听见有大声音从天上来，对他们说：'上到这里来。'他们就驾着云上了天。他们的仇敌也看见了。正在那时候，地大震动，城就倒塌了十分之一，因地震而死的有七千人，其余的都恐惧，归荣耀给天上的神。"

不论他们多么顽固，若他们心中还有一点良善，就当明白地震、两个见证人的复活和升天都是神的作为。他们不得不承认两千年前，耶稣复活是出于神的能力。虽然发生了这些事，有些恶人还是不把荣耀归给神。

我劝你们要接受神的慈爱，即使到最后，神都希望拯救人，希望你们都能听从两个见证人的话。两个见证人将用神大能证明他们是神差派来的，他们会唤醒许多人，叫人明白神的爱和神的旨意，并引导你们把握最后得救的机会。

恳求你们千万不要站在仇敌那边，他们是属魔鬼的，魔鬼引领的是灭亡之路，要听两个见证人的话，得着救赎的恩典。

佩特拉，犹太人的避难所

另一个神为选民以色列安排的隐秘之处是"佩特拉"，这是七年大灾难中的一个避难所，以赛亚书十六章1-4节对这个地方加以解释：

"你们当将羊羔奉给那地掌权的，从西拉往旷野，送到锡安城的山。（"城"原文作"女子"）摩押的居民（"居民"原文作"女子"）在亚嫩渡口，必像游飞的鸟，如拆窝的雏。求你献谋略、行公平，使你的影子在午间如黑夜，隐藏被赶散的人，不可显露逃民。求你容我这被赶散的人和你同居。至于摩押，求你作他的隐密处，脱离灭命者的面。勒索人的归于无有，毁灭的事止息了，欺压人的从国中除灭了。"

摩押地指的是以色列东部约旦的地方。佩特拉是约旦南部的一个地理名词，位于何珥山的坡上，这边是亚拉巴山右侧的盆地，这个谷地从死海延伸到亚魅巴湾（The Gulf of Aqaba）。佩特拉与西拉常被认为同一个地方，西拉也是磐石的意思，圣经列王纪下十四章7节和以赛亚书十六章1节都曾提到这个地方。

主再来，降临在空中的时候，祂迎接那些得救的人，让他们参加七年的婚宴，然后祂带着众圣徒下到地上治理地球一千年。从主降临到空中迎接被提的人，直到来到地上这七年的时间内，大灾难遍满全地。最后的三年半，也就是一千两百六十天，以色列人照神的计划将藏在一处，这个藏身之所就是佩特拉（参考启示录十二章6-14节）。

为什么犹太人需要藏身之所呢？

神拣选了以色列之后，以色列多次受到外邦人攻击和逼迫，因为反对神的魔鬼撒但一直要拦阻神的选民以色列人，使他们得不到神的祝福，魔鬼的心意直到世界的末了都不曾改变过。

以色列民族在七年大灾难知道他们的弥赛亚、救主，就是两千年前到世界的耶稣，他们因此就悔改，所以魔鬼逼迫他们，让以色列民无法持守自己的信仰。

　　神知道每一件事，就为选民以色列预备一个藏身之地，在这里向他们显明祂的大爱。因着神的大爱，照神的计划，以色列人进到佩特拉逃避想要毁灭他们的人。

　　正如耶稣在马太福音二十四章16节所说的："那时，在犹太的，应当逃到山上。"犹太人在山中的藏身之所躲避七年大灾难，也将在那里得着救恩。

　　灭命的天使在埃及击杀头生的，希伯来人就互通信息，把羔羊的血涂在两个门柱和门楣上，免于死难。

　　以色列人也同样很快地互传递信息，在敌基督的政权还未开始逮捕他们之前，互相告知该到哪里躲藏，并且动身到那里。因为许多传道的已经跟他们说过这个地方，所以他们知道这个地方，即使是不信的人，也会改变心意，到那里去找寻藏身之所。

　　这个藏身之所容纳不下太多人，事实上透过两个见证人的见证，许多人还未来得及逃到避难所就已经悔改，在大灾难中持守他们的信仰而殉道。

由两个见证人及佩特拉看见神的慈爱
（神的慈爱蕴含在佩特拉）

　　亲爱的弟兄姊妹：你是否失去了被提的机会？那么，就赶快到佩特拉去吧！神要给你最后得救的机会，敌基督将很快就会带来可怕的灾难，在因敌基督的亵渎，恩门关闭之前，你必须到佩特拉去躲藏。

你若连进入佩特拉的机会都失去了，那么你惟一得到救恩的方法就是不可否认主，不可接受兽的印记"666"。你必须胜过各种可怕残忍的严刑拷打，殉道而死。这不是一件容易的事，但要逃避地狱永远的火湖，你就必须这样做。

我恳切地盼望你们不要离弃所得的救恩，不论什么时候，都要记住神的爱永不改变，要努力克服一切的困难。你们挣扎、对抗敌基督的引诱和逼迫时，主里的弟兄姊妹会为你们迫切祷告，盼望你们能得胜。

但由衷希望在这些事临到之前，你们就能接受耶稣基督，当主再来时侯，可以和我们一样被提到天上参加婚宴。我们将不断为你们流泪祷告，求神记念你们先祖的信心和祂与先祖所立的圣约，再一次让你们有得救的机会。

因着神的慈爱，预备了两个见证人和佩特拉，好叫你们可以接受耶稣基督作你们的弥赛亚和救主，使你们得拯救。直到人类历史结束，你们都要记住：神的爱永不改变，也不会放弃你们。

当大灾难来临而两个见证人未出现之前，因神的大爱，会先差派一个神人到你们这里，告诉你们世界末了将要发生的事，要引导你们走向救恩之路。神不要你们中间任何人留在七年大灾难里，即使被提之后仍留在地上，神也要你们抓住最后得救的机会。

现在离七年大灾难不远了，在人类历史空前绝后的灾难里，我们的神必然完成对以色列人慈爱的计划，神耕作人类的历史与以色列历史一同完成。

以色列人如果现在就能了解神真正的心意，接受耶稣基督作他们的救主。即使圣经中以色列历史因此而被改写，神也愿意所有以色列人都这样做，因神对以色列的慈爱是我们难以想象的。

但许多以色列百姓偏行已路，过去、现在、未来仍旧如此，直到关键时刻。全能的神知道每件未发生的事，因着祂不改变的爱，已经预备了最后得救的机会，要引导你们走向救恩之路。

> "看哪，耶和华大而可畏之日未到以前，我必差遣先知以利亚到你们那里去。他必使父亲的心转向儿女，儿女的心转向父亲，免得我来咒诅遍地。"（玛拉基书四章5-6节）

我满心感谢，将一切荣耀都归给神，因着神永不止息的爱，不仅引导祂的选民以色列人走向救恩之路，对地上的万国万民亦复如此。

警醒吧!以色列

Awaken, Israel!

本书所引圣经经文取自《新标点和合本》

作　　者: 李载禄
编　　辑: 宾锦善
设　　计: 乌陵出版社设计组
发　　行: 乌陵出版社（发行人: 宾圣男）
印　　刷: 艺源印刷厂
出版日期: 2007年11月初版（韩国, 乌陵出版社, 韩国语）
　　　　　2010年6月初版（韩国, 乌陵出版社）

Copyright © 2010 李载禄博士
ISBN 978-89-7557-347-7
Translation Copyright © 2008 郑求英博士 使用在允许之下由

问 讯 处: 乌陵出版社
电　　话: 82-2-837-7632 / 82-70-8240-2072
传　　真: 82-2-869-1537
E-mail: urimbook@hotmail.com

“乌陵”是旧约时代的大祭司为了求问神的旨意而使用的决断的胸牌，希伯来原意为“光”（出埃及记28章30节）。“光”代表着将我们引入生命的神的话语，因此“乌陵”也是代表着本为光的神。乌陵出版社为了用真光照亮整个世界，如今正在以祷告和赤诚，奔跑在文书宣教的前沿。